Klaus Werner-Lobo

Nach der Empörung

Was tun, wenn wählen nicht mehr reicht

Deuticke

1 2 3 4 5   20 19 18 17 16

ISBN 978-3-552-06313-6
Alle Rechte vorbehalten
© Deuticke im Paul Zsolnay Verlag Wien 2016
Satz: Eva Kaltenbrunner-Dorfinger, Wien
Druck und Bindung: GGP Media GmbH, Pößneck
Printed in Germany

MIX
Papier aus verantwor-
tungsvollen Quellen
FSC® C014496

Inhalt

Korruption und Misswirtschaft, Ausbeutung und
Umweltzerstörung, Kriege und Flüchtlingselend: Sind
PolitkerInnen und Parteien unfähig, gesellschaftliche
Probleme zu lösen? Und wer soll das sonst tun?

Was tun, wenn wählen nicht mehr reicht, wenn Politik
und Parteien versagen und Privilegierte ihre Macht
missbrauchen, um diese zu verteidigen und sich auf
Kosten von Umwelt, Demokratie und Menschenrechten
zu bereichern? Dagegen hilft nur Selbstermächtigung,
Information, solidarisches Handeln und aktiver Widerstand. Manchmal auch der gegen bestehende Unrechtsgesetze.

Die demokratischen Institutionen, wie wir sie kennen,
sind am Ende. Wir brauchen mehr und neue Möglichkeiten der Mitgestaltung und Teilhabe an Entscheidungsprozessen. Ein Plädoyer für die Entmachtung der
Herrschenden und die Ermächtigung der Zivilgesellschaft.

Vorwort

Anna, 18, darf heuer zum ersten Mal wählen. Wen, weiß sie noch nicht. Sie weiß nicht mal, ob sie überhaupt wählen geht. Die Schülerin interessiert sich für Politik, die meisten Informationen holt sie sich aus dem Internet oder in Gesprächen mit FreundInnen. Was sie aufregt: dass Europa, der reiche Kontinent, Tausende Menschen auf der Flucht einfach im Mittelmeer ersaufen lässt. Die Hetze von Pegida & Co., aber noch mehr die Untätigkeit der Regierung. »Eigentlich ist es doch eh fast egal, wen man wählt, PolitikerInnen denken doch eh nur an sich selber«, meint Anna. Und: »Ich würde ja selber gern was unternehmen, aber ich weiß nicht, was.«

Annas Mutter Sandra, 45, hat darauf auch keine Antwort. Mit ihren drei Kindern und einem Halbtagsjob als Betreuerin von Menschen mit Behinderungen hat sie wenig Zeit, das politische Geschehen zu verfolgen. »Wenigstens mache ich im Beruf was Sinnvolles.« Einmal war sie in einem Vortrag über Konzerne, die auf Kosten von Umwelt und Menschenrechten Profite machen: »Das ist ja alles völlig krank, und unsere PolitikerInnen spielen da mit. Ich fühle mich völlig machtlos.«

Ähnlich geht es dem Soziologiestudenten Jan, 28. Er jedenfalls hat für sich beschlossen, bei »dem ganzen Konsumwahnsinn« nicht mehr mitzumachen. Er meidet bekannte Marken, ernährt sich vegetarisch (»für vegan bin ich leider zu wenig konsequent«) und spendet monatlich einen kleinen Betrag an eine Umweltorganisation (»obwohl ich selbst eigentlich nicht so viel Geld zur Verfügung habe«). Gewählt hat er bisher, mehr oder weniger widerwillig, die Grünen, »Die Linke« und einmal die SPD, »weil ein Kumpel von mir für den Gemeinderat kandidiert hat. Aber es geht sowieso nur um das geringste Übel.«

Zeynep, 24, darf gar nicht wählen. Obwohl sie in Wien aufgewachsen ist. Sie hat die »falsche« Staatsbürgerschaft. »Ich fühle mich als Mensch zweiter Klasse.« Deshalb engagiert sich das Arbeiterkind, das es mit Hartnäckigkeit an die Uni geschafft hat, neben dem Studium bei der Gewerkschaft. »Wir sind eine kleine Gruppe, die sich für MigrantInnenrechte einsetzt und ein Bewusstsein dafür schaffen will, dass es hier ein neues Proletariat gibt, für das die von der ArbeiterInnenbewegung erkämpften Rechte nicht gelten.«

Unsere Demokratie befindet sich in einer schweren Krise: Immer weniger Menschen trauen Parteien und Regierungen zu, gesellschaftliche und wirtschaftliche Herausforderungen wie Arbeits- und Perspektivlosigkeit, Armut, Unsicherheit, Umweltzerstörung und so weiter zu lösen. Im Gegenteil: Weniger als die Hälfte der Deutschen glaubt noch an die Demokratie als beste Regierungsform, über achtzig Prozent der Wahlberechtigten glauben, dass sie keinen nennenswerten Einfluss auf die Politik haben – und mit weniger als zehn Prozent bilden PolitikerInnen das Schlusslicht auf der Vertrauensskala aller Berufsgruppen.

Die Ursache dafür liegt nicht nur in Korruptionsskandalen und gebrochenen Wahlversprechen, sondern in einem Demokratiemodell, das den Herausforderungen einer globalisierten und heterogenen Gesellschaft längst nicht mehr gewachsen ist. Demokratische Entscheidungsprozesse und Institutionen werden sukzessive von ökonomischen Profitinteressen delegitimiert und ausgehebelt, der entfesselte Markt hat längst das Primat über die Politik errungen. Auch ehemals linke Parteien stoßen an ihre Grenzen oder lassen sich von der Macht und dem neoliberalen Mainstream korrumpieren.

Die Folge: Es regiert Politikverdrossenheit. Dieser Satz stimmt allerdings nur, wenn man ihn wörtlich nimmt: Wir werden zunehmend von Menschen regiert, die politikverdrossen sind, also selbst nicht mehr daran glauben, etwas ändern zu können – oder es gar nicht wollen. In der Gesellschaft hingegen steigt nicht die Politikverdrossenheit, sondern die PolitikerInnen-Verdrossenheit, also die Wut auf bestehende Systeme und die Sehnsucht nach fundamentaler Veränderung.

Was aber hilft wirklich, wenn wir uns über Ungerechtigkeit, Korruption und Stillstand ärgern? Wenn wir unsere Gesellschaft oder unsere Umwelt verbessern wollen? Reicht ein bewussteres Konsumverhalten aus? Bringen Spenden an gemeinnützige Organisationen etwas? Sollen wir überhaupt noch wählen gehen? Oder haben wir gar keine Wahl mehr, weil die Reichen und Mächtigen eh tun, was sie wollen? Und wie begegnen wir jenen, die die allgemeine Unzufriedenheit für ihre eigenen Zwecke nutzen, für rechte Hetze, Spaltung und Populismus?

Dieses Buch belässt es nicht bei der Wut aufs herrschende System. Es will Mut machen, Mut auf politisches Engagement abseits der institutionellen Parteipolitik. Es zeigt anhand konkreter kleiner und großer Erfolgsstorys, wie einzelne Menschen und Initiativen etwas zum Positiven bewegt und die Welt ein kleines bisschen verbessert – oder sogar Geschichte geschrieben haben. Wie so gut wie jeder gesellschaftliche Fortschritt in der Menschheitsgeschichte von sozialen Bewegungen erzielt wurde, die an sich und ihre Anliegen geglaubt, sich und andere informiert, sich organisiert, die Komfortzone verlassen und gemeinsam gehandelt und Zivilcourage bewiesen haben.

Die Welt und die gesellschaftlichen Verhältnisse, so desaströs ihr Zustand und ihre Entwicklung manchmal scheinen mögen, haben immer wieder in der Geschichte auch entscheidende Verbesserungen erfahren. Das ist nicht von selbst passiert. Und auch nicht, weil irgendwann »die Guten« die Wahlen gewonnen haben. Es ist passiert, weil sich mutige Menschen dazu entschieden haben, solidarisch zu handeln und mit jenen, die den Planeten und den sozialen Zusammenhalt gefährden, in Konflikt zu treten. Vielleicht werden wir diesen Konflikt niemals ganz gewinnen, aber eines ist sicher: Sobald wir aufhören, ihn auszutragen, haben wir ihn verloren. Dieses Buch zeigt, dass wir auch abseits von Wahlen die Wahl haben: Jeder und jede von uns kann sich für Solidarität – und gegen Ausbeutung und Zerstörung – entscheiden. Das soll jetzt nicht unbedingt ein Wahlversprechen sein, aber: Sich dafür zu entscheiden kann Ihr Leben verbessern.

Wien 2016
Klaus Werner-Lobo

Macht ist die Hölle auf Erden.
Astrid Lindgren

Was kommt nach der Wut?

Korruption und Misswirtschaft, Ausbeutung und Umweltzerstörung, Kriege und Flüchtlingselend: Sind PolitkerInnen und Parteien unfähig, gesellschaftliche Probleme zu lösen? Und wer soll das sonst tun?

Täglich werden wir von Nachrichten überschwemmt, die uns an der Zukunft der Menschheit und des Planeten zweifeln oder gar verzweifeln lassen und bei vielen von uns zumindest Wut und Empörung auslösen. Obwohl die Wirtschaftskraft vieler Länder steigt, nimmt weltweit – und sogar auch innerhalb der reichen Staaten – fast überall die Armut zu. Millionen Menschen flüchten vor Krieg und Elend, Tausende Männer, Frauen und Kinder sterben auf der Flucht nach Europa, gleichzeitig wachsen hier Rassismus und Fremdenfeindlichkeit. Nationalistische und sogar faschistische Gruppen haben auch bei uns wieder Zulauf. Umweltzerstörung und Klimawandel sind so weit vorangeschritten, dass es zum Teil nur noch um Schadensbegrenzung geht. Gleichzeitig stopfen sich Multimillionäre und Milliardäre die Taschen voll, Parteien und PolitikerInnen begehen nahezu ungestraft Korruption und Misswirtschaft, Banken- und Konzernlobbys machen auch demokratische Staaten und Regierungen zu willfährigen Marionetten ihrer Profitinteressen.

Eine Folge davon ist, dass immer weniger Menschen den demokratischen Institutionen zutrauen, gesellschaftliche

Probleme zu lösen. »Feststellbar ist eine absolute Unzufriedenheit mit den politischen Eliten und mangelndes Vertrauen in die Politik«, analysiert die Sozialanthropologin Shalini Randeria: »Wir befinden uns in Europa in einer Situation, wo die Menschen Angst um ihren Wohlstand und ihren Arbeitsplatz haben. Ausländer, Asylsuchende und Migranten werden von Rechtspopulisten zu Sündenböcken gemacht, Zukunftsängste werden mobilisiert. Aber natürlich spielen auch die geringer werdenden sozialstaatlichen Leistungen, seit Jahren stagnierende Reallöhne für die Bezieher niedriger Einkommen und der Rückbau des Wohlfahrtsstaates eine Rolle. Das ergibt eine sehr unangenehme Mischung.«[1]

Weniger als die Hälfte der Deutschen glaubt noch an die Demokratie als beste Regierungsform, über achtzig Prozent der Wahlberechtigten glauben, dass sie keinen nennenswerten Einfluss auf die Politik haben – und mit weniger als zehn Prozent bilden PolitikerInnen das Schlusslicht auf der Vertrauensskala aller Berufsgruppen. Bei den Bundestagswahlen ist die Wahlbeteiligung in den letzten Jahrzehnten fast stetig gesunken: von 91,1 Prozent 1972 auf 71,5 im Jahr 2013.[2] In Österreich verhält es sich ähnlich: Dort sank die Beteiligung an den Nationalratswahlen von 91,9 Prozent 1975 auf 74,4 im Jahr 2013.

Noch schlimmer sieht es bei Landtagswahlen aus: Hier gaben zuletzt nur noch zwischen 47,9 (Brandenburg, 2014) und 56,5 (Hamburg, 2015) Prozent der Wahlberechtigten ihre Stimme ab.[3] Und am niedrigsten ist die Beteiligung an den Europawahlen: Während sie bei den ersten Wahlen zur Europäischen Gemeinschaft 1979 noch bei 63 Prozent lag, sank sie bei den EU-Wahlen 2009 und 2014 auf jeweils rund 43 Prozent.

Dabei sind NichtwählerInnen keineswegs unpolitisch, wie

eine aktuelle Studie[4] des Meinungsforschungsinstituts Forsa im Auftrag der Friedrich-Ebert-Stiftung feststellt – im Gegenteil: Die meisten geben politische Gründe für ihre Verweigerungshaltung an. Nichtwählen sei weniger ein Resultat von persönlicher Lethargie, Desinteresse oder gar Zufriedenheit mit dem Gang der Dinge. Vielmehr artikulieren die NichtwählerInnen ein deutliches Unbehagen mit der Art und Weise, wie Politik betrieben werde. Sie fühlen sich wenig beachtet und beklagen, dass Politik nur mehr Machterhalt bedeute und PolitikerInnen für die »Sorgen und Nöte der kleinen Leute« kein Ohr hätten. Rund sechzig Prozent gaben an, die Bundespolitik weiterhin mit starkem Interesse zu verfolgen, drei Viertel der Befragten interessierten sich nach eigener Aussage für das politische Geschehen in ihrer Kommune.

Rund die Hälfte von ihnen liest eine Tageszeitung. Und ebenso viele wissen, wer im Kommunalparlament für ihren Wohnbereich zuständig ist. Die meisten NichtwählerInnen geben sogar an, die Angebote der Parteien wahrzunehmen, die Aktivitäten von MandatsträgerInnen auf den einzelnen Politikebenen zu beobachten und die Wahlkampfaktivitäten der Parteien zu verfolgen. Vor allem aber zeigt sich, dass in erster Linie unterprivilegierte Milieus zur Wahlenthaltung tendieren. Mit anderen Worten: Vor allem jene, denen es nicht so gut geht, haben offenbar kein Vertrauen, dass Wahlen und politische Parteien ihre Situation verbessern würden.

Die Studie räumt auch mit dem Vorurteil auf, dass Menschen aus Faulheit oder Desinteresse den Weg zur Wahlurne verweigern würden. Im Gegenteil: Persönliche oder formale Gründe – etwa die Änderung des Wahlrechts, die Entfernung zum Wahllokal oder private Urlaubsreisen am Wahltag – spielen kaum eine Rolle. Umso realitätsferner sind die

Reaktionen der etablierten Parteien auf die angebliche Politikverdrossenheit: So schlug SPD-Generalsekretärin Yasmin Fahimi vor, auch in Supermärkten und Bahnhöfen Wahlurnen aufzustellen, während die CDU mit der Idee nachzog, die Wahllokale zwei Stunden länger offen zu halten. Grüne und »Die Linke« glauben wenigstens, dass Volksabstimmungen gegen die Demokratiemüdigkeit der BürgerInnen helfen könnten. Und die FDP plädiert für E-Voting, also die Möglichkeit der elektronischen Stimmabgabe. Außerdem solle, so die CDU, in Schulen, an Bundeswehrstandorten und in Unternehmen für Demokratie geworben werden.[5]

Als ob solche Maßnahmen etwas nützen würden, wenn sich immer weniger Menschen der konkrete Sinn ihrer Stimmabgabe erschließt – also etwa eine Verbesserung persönlicher Lebensumstände und Perspektiven oder gar der gesellschaftlichen Verhältnisse.

Demokratie der Privilegierten

Im Sommer 2015 veröffentlichte die Bertelsmann Stiftung eine Studie, der zufolge die Wahlbeteiligung der sozialen Oberschicht um bis zu vierzig Prozentpunkte über der Wahlbeteiligung sozial schwächerer Milieus liegt. Diese sind im Wahlergebnis um bis zu einem Drittel unterrepräsentiert. Ihr Anteil an den NichtwählerInnen ist fast doppelt so hoch wie ihr Anteil an der Summe der Wahlberechtigten.[6]

Bereits bisher stellten Studien fest: Je höher die Arbeitslosigkeit, je geringer die Haushaltseinkommen und schlechter die Wohnlagen in einem Stadtviertel, Stimmbezirk oder Wahlkreis, umso geringer die Wahlbeteiligung. Die für die Bundestagswahl repräsentativen Schätzergebnisse der Bertelsmann-Studie bestätigen die These einer tiefen sozialen Spaltung der Wahlbeteiligung auch auf individueller Ebene. Sie bauen auf sogenannten Sinus-Milieus auf, die Menschen nach ihrem sozialen Status und ihren Einstellungen gruppieren. Die höchste Wahlbeteiligung (88 Prozent) wurde für das liberal-intellektuelle Milieu geschätzt, einem sozial starken Milieu der Oberschicht. Die geringste Wahlbeteiligung (47,7 Prozent) ergab sich für das Milieu der sogenannten HedonistInnen, einem konsumfreudigen Milieu der sozialen Unter- und Mittelschicht. Zwischen den beiden Milieus klafft somit ein Unterschied von etwas mehr als vierzig Prozentpunkten.

Ein ähnliches Bild ergibt sich auch für das sozial benachteiligte prekäre Milieu mit einer Wahlbeteiligung in Höhe von lediglich 58,9 Prozent. Aus den geschätzten Wahlbeteiligungsquoten lassen sich auch die NichtwählerInnen der einzelnen Milieus in absoluten Zahlen berechnen. Dabei zeigt sich, dass die beiden sozial schwachen Milieus mit der niedrigsten Wahlbeteiligung (HedonistInnen und Prekäre) mit insgesamt 6,6 Millionen fast 38 Prozent aller NichtwählerInnen stellen, obwohl ihr Anteil an der Gesamtheit aller Wahlberechtigten bei lediglich 22 Prozent liegt. »Soziale Ungleichheit schadet deshalb der Wahlbeteiligung und der Demokratie«, so die Schlussfolgerung der Autoren: »Eine zunehmend selektive Wahlbeteiligung kann deshalb für die repräsentative Demokratie zu einem Teufelskreis sinkender Wahlbeteiligung, selektiver Repräsentation und dadurch weiter erodierender Akzeptanz und Partizipationsbereitschaft werden.« Mit anderen Worten: Politik wird nicht für jene gemacht, die am meisten Unterstützung bräuchten, sondern für jene, die ohnehin privilegiert sind.

Rechtlose MigrantInnen

Eine andere Gruppe darf erst gar nicht wählen gehen: Menschen, die zwar hier leben, arbeiten, Steuern und Sozialabgaben zahlen, aber keine inländische Staatsbürgerschaft besitzen. Damit wird einer der Grundsätze etwa angloamerikanischer Demokratietheorien verletzt: »No taxation without representation«: Wer nicht wählen darf, soll wenigstens auch keine Steuern zahlen müssen.

In der Europäischen Union dürfen zwar EU-BürgerInnen an Kommunal- und Bezirkswahlen an ihrem Hauptwohnsitz teilnehmen, unabhängig davon, in welchem Mitgliedsstaat sich dieser befindet. Die Mitbestimmung der Landes- und Bundespolitik bleibt ihnen aber verschlossen – auch in einer Stadt wie Wien, die gleichzeitig ein Bundesland ist. Sogenannte Drittstaatsangehörige von Ländern außerhalb der EU haben in Ländern wie Deutschland und Österreich auch dann kein Wahlrecht, wenn sie seit vielen Jahren hier ihren Lebensmittelpunkt haben. Manchmal sogar nicht einmal dann, wenn sie hier geboren sind. Der Zugang zur Staatsbürgerschaft für Zugewanderte ist mit großen Hürden verbunden, und dort wo Doppelstaatsbürgerschaften verboten sind, würde der die Aufgabe der Herkunftsstaatsbürgerschaft bedingen und zum Beispiel die Bindung zu Angehörigen erschweren.

Das bedeutet nicht zuletzt, dass die bürgerlichen Rechte und Interessen von MigrantInnen und damit ein erheblicher Prozentsatz – in manchen Ländern bis zu einem Viertel – der Bevölkerung in Parlamenten keine entsprechende Vertretung finden. Und man fühlt sich an Zeiten erinnert, in denen – bei uns bis vor knapp hundert Jahren – Frauen nicht wählen durften.

Versprochen und gebrochen

»Es wird niemals so viel gelogen wie vor der Wahl, während des Krieges und nach der Jagd«, sagte schon Otto Bismarck. Dass PolitikerInnen nicht geglaubt wird, liegt auch daran, dass Parteien vor Wahlen Dinge in Aussicht stellen, die sie danach nicht erfüllen können oder wollen. Meist geht es dabei um finanzielle Annehmlichkeiten wie Steuer- oder Gebührensenkungen, die in vielen Fällen ohnehin politisch fragwürdig sind, weil niedrigere Steuern häufig auch die Finanzierbarkeit öffentlicher Dienste gefährden.

»Wir werden ein Programm auflegen, mit dem wir den Eingangssteuersatz auf zwölf Prozent und den Spitzensteuersatz auf 39 Prozent senken«, versprach Angela Merkel vor der Bundestagswahl 2005. Fünf Jahre später lag der Eingangssteuersatz noch immer bei 14, der Spitzensteuersatz bei 42 Prozent. »Wir weichen nicht in Schulden aus«, sagte der ehemalige Finanzminister Hans Eichel noch vor der Wahl 2002. Nach der Wahl betrug die Neuverschuldung dann 34,6 Milliarden Euro, obwohl der Stabilitätspakt nur 21,1 Milliarden erlaubte. 1998 versprach Gerhard Schröder, die Arbeitslosenzahlen bis 2002 auf unter 3,5 Millionen zu drücken. Im Frühjahr 2002 lagen die Zahlen dann mit 4,2 Millionen höher als vier Jahre zuvor. Und mit der Entscheidung, deutsche Soldaten zum Kriegseinsatz in den Kosovo zu schicken, brachen die Grünen unter Joschka Fischer 1998 nicht nur ihr Wahlkampfversprechen, sondern verprellten auch zahllose Mitglieder.

Auch das Versprechen, bestimmte Koalitionsbündnisse auszuschließen, gilt nach der Wahl häufig nicht mehr: Vor der hessischen Landtagswahl 1998 hatte SPD-Spitzenkandidatin Andrea Ypsilanti jede Form eines Bündnisses mit der

Partei »Die Linke« mehrfach ausgeschlossen – wollte sich danach aber mit deren Unterstützung zur Ministerpräsidentin einer rot-grünen Koalition küren lassen. Grüne und SPD-Abgeordnete verweigerten ihr allerdings die Gefolgschaft. In Österreich hatte ÖVP-Parteichef Wolfgang Schüssel im Wahlkampf 1999 versprochen: »Wenn wir Dritte werden, gehen wir in Opposition!« Als die nach der Wahl drittplatzierte ÖVP schließlich doch eine Koalitionsregierung mit der rechtspopulistischen FPÖ unter Jörg Haider einging und Schüssel damit Kanzler wurde, kommentierte dies der damalige Obmann der ÖVP-Parlamentsfraktion Andreas Khol mit den Worten: »Die Wahrheit ist eine Tochter der Zeit.« Anders gesagt: Was kümmert mich mein Geschwätz von gestern, wenn es mich die Macht kosten würde?

Wenn wählen nichts mehr ändert

Irgendwie scheinen die Leute zu spüren, dass es wahlwerbenden Gruppen und politischen Eliten weniger um eine dem Gemeinwohl verpflichtete Gestaltung der Gesellschaft geht, sondern im besten Fall um die Legitimation ihrer eigenen Existenz durch den demokratischen Souverän, also das Wahlvolk, das alle paar Jahre die Stimme abgeben möge, um sie in der Zeit dazwischen möglichst nicht zu erheben. Es scheint, als gewinne das Zitat der anarchistischen Theoretikerin Emma Goldman (1869–1940) an Aktualität: »Würden Wahlen etwas ändern, so wären sie verboten.«

Die Regierenden scheinen mit der Demokratieverdrossenheit eines wachsenden Teils der Bevölkerung jedenfalls kein allzu großes Problem zu haben. Schon der legendäre britische Premierminister Winston Churchill (1874–1965)

zeigte, was demokratisch gewählte PolitikerInnen von den
Menschen halten, die sie vertreten sollen: »Das beste Argument gegen die Demokratie ist ein fünfminütiges Gespräch mit einem durchschnittlichen Wähler.« Heute bringt
es der deutsche CDU-Generalsekretär Peter Michael Tauber
auf den Punkt, der sich nicht sicher ist, ob die Nichtbeteili-
gung an einer Wahl »automatisch eine Ablehnung des demokratischen Systems« bedeute. Nicht zu wählen, so Tauber,
könne ja »auch Ausdruck von Zufriedenheit mit der Regierung sein«.[7]

Das liberal-konservative Debattenmagazin *The European*
analysiert dazu:

> Tauber stellt da sicherlich eine zentrale Frage. Der Bürger
> ist heutzutage in erster Linie Konsument, auch Politik-
> Konsument. Bei der Frage »Wählen oder nicht?« wägt er
> Nutzen und Kosten ab. Wenn das Ergebnis ohnehin fest-
> zustehen scheint (…), sehen viele keinen Sinn darin, ihre
> Stimme überhaupt abzugeben. Auch nimmt ein wachsen-
> der Teil der Wahlberechtigten sein Grundrecht auf un-
> politisches Verhalten wahr. Die Zeiten, in denen alle den
> Spruch »Wahlrecht ist Wahlpflicht« gerne beherzigten,
> sind lange vorbei.
> Für das Nichtwählen gibt es zwei zentrale Motive. Die ei-
> nen wählen nicht, weil sie sich von der Politik nichts oder
> nichts mehr erhoffen: »Die da oben machen ja doch, was
> sie wollen.« Andere wählen nicht, weil sie keine Angst ha-
> ben, ein »falsches« Wahlergebnis könnte schlimme Folgen
> haben. Diese Nichtwähler vertrauen offenbar auf die Sta-
> bilität unseres politischen Systems, was ja durchaus posi-
> tiv zu werten ist: »Wenn die anderen drankommen, geht
> die Welt auch nicht unter.«

Positiv zu werten ist das allerdings vor allem für jene, die ihre Privilegien behalten – egal, wer an die Macht kommt. Die Zeiten des Klassenkampfes, also der erbitterten GegnerInnenschaft zwischen Arbeitenden und Besitzenden, scheinen in Mitteleuropa vorbei zu sein. SozialdemokratInnen, Christlichsoziale, Liberale und Grüne setzen auf den freien Markt mit sozialstaatlichen und ökologischen Begleitmaßnahmen. Immerhin hat die »soziale Marktwirtschaft« in den letzten Jahrzehnten für eine relativ breite Verteilung des Wohlstands gesorgt. Umweltkatastrophen und Kriege kennen die meisten von uns nur aus den Auslandsnachrichten oder den Geschichtsbüchern.

Wer der sogenannten Mehrheitsgesellschaft angehört, einen abgesicherten Job, eine ausreichende Rente oder Vermögen hat oder in eine wohlhabende Familie hineingeboren wurde, aber auch ein relativ großer Teil der StaatsbürgerInnen aus weniger privilegierten Verhältnissen konnte in der Vergangenheit auf soziale Sicherheit und Aufstiegschancen, auf gute Bildung und Gesundheitsversorgung, eine halbwegs intakte Umwelt, moderne Infrastruktur, ein reichhaltiges Konsumangebot und bürgerliche Rechte zählen.

Für jene Mehrheit, die – noch – einen gewissen Wohlstand genießt, scheint es also tatsächlich weitgehend egal zu sein, wer uns regiert. So hat zum Beispiel die linksliberale Regierung aus Rot und Grün in Deutschland (1998 bis 2005) neoliberale Wirtschaftspolitik und Sozialabbau in ähnlichem Ausmaß vorangetrieben wie kurze Zeit später die rechtskonservative Koalition aus Schwarz und Blau (bzw. Orange) in Österreich. Rot-Grün senkte etwa zahlreiche konzernbezogene Steuern – und legte gleichzeitig mit der sogenannten »Agenda 2010« eine harte Gangart gegen sozial Schwache und Langzeitarbeitslose ein.

»Ausgerechnet eine SPD-geführte Regierung erfüllte die Wünsche der Wirtschaft in einem Maße, wie es sich die Manager kaum je erträumt hatten«, beschrieb die *Zeit* die Reformen damals als »Das größte Geschenk aller Zeiten« für die Konzerne: »Kein Wunder, dass Allianz-Chef Henning Schulte-Noelle und Deutsche-Bank-Sprecher Rolf E. Breuer voll des Lobes für Rot-Grün waren. Allein in ihren Bilanzen steckten hohe zweistellige Milliardensummen an stillen Reserven. Sie hofften, nun diese Schätze steuerfrei heben zu können.« Noch im Jahr 2000, so die *Zeit*, hatte der Staat 23,6 Milliarden Euro Körperschaftsteuer von den Kapitalgesellschaften kassiert. Im Jahr darauf, nach dem Inkrafttreten des Reformwerks, brachen diese Einnahmen vollkommen weg. »Per saldo mussten die Finanzämter sogar fast eine halbe Milliarde Euro an die Firmen auszahlen – das hatte es noch nie gegeben.«[8]

Die ehemaligen Großparteien – Sozialdemokratie und Christlichsoziale – haben sich fast überall in Europa wirtschaftspolitisch bis zur Ununterscheidbarkeit einander angenähert und vollziehen etwa auch in der Migrations- und Asylpolitik in weiten Bereichen frühere Forderungen rechter und rechtsextremer Parteien. Als etwa die ÖVP-geführte Regierung, die unter Beteiligung der rechtsextremen FPÖ in Österreich rigorose Privatisierungen durchsetzte, an denen sich auch Regierungsmitglieder persönlich bereichert haben sollen, im Jahr 2005 wieder einmal das Fremden- und Asylrecht verschärfte, stimmte dem auch die sozialdemokratische SPÖ – damals aus der Opposition heraus – ohne Not zu. Sogar dem völkerrechtlich umstrittenen und jedenfalls unmenschlichen Passus, dass künftig auch traumatisierte Asylsuchende abgeschoben werden können.[9]

Auch die Liste der Korruptionsfälle, Schmiergeldzahlungen, Parteienfinanzierungsskandale, »Vermittlungsprovisionen« etc. auf Kosten der SteuerzahlerInnen aus dieser Zeit und den Folgejahren ist lang. Der damalige ÖVP-Innenminister und spätere EU-Abgeordnete Ernst Strasser wurde 2014 wegen Bestechlichkeit zu drei Jahren unbedingter Haft verurteilt. Auch der Kärntner ÖVP-Landesrat Josef Martinz musste ins Gefängnis, weil ihm im Zusammenhang mit dem Verkauf der Hypo-Alpe-Adria-Bank Untreue und illegale Parteienfinanzierung nachgewiesen wurden. Dieser größte Wirtschaftskriminalfall der Zweiten Republik unter Beteiligung hochrangiger PolitikerInnen wird die SteuerzahlerInnen viele Milliarden Euro kosten.[10] Politische oder gar persönliche Verantwortung der allermeisten Beteiligten? Fehlanzeige.

Der Siegeszug des Neoliberalismus

Die Vorherrschaft des neoliberalen Wirtschaftssystems, der Sozialabbau und die Abschottungspolitik gegen ärmere Länder – bei gleichzeitiger Ausbeutung von Rohstoffen, Umwelt und Arbeitskraft – werden auch von der Europäischen Union vorangetrieben.

Die EU verordnet ihren Mitgliedsländern sogenannte Austerität: Um die Schuldenquote zu senken, werden öffentliche Ausgaben und Dienstleistungen eingeschränkt oder privatisiert. Diese Sparpolitik betrifft aber meist nicht jene Bereiche, die ohnehin privilegiert sind – wenn wir etwa an Bankenrettungspakete, Rüstungsausgaben, Steuererleichterungen für Konzerne und Vermögende oder Milliardensubventionen in die Agrarindustrie denken –, sondern zum Beispiel Investitionen in Bildung, Gesundheit, Armutsbekämpfung, öffentliche Infrastruktur oder Kultur, also in unsere Zukunft. Fortschrittliche ExpertInnen sind sich daher einig, dass Austeritätspolitik volkswirtschaftlich schädlich ist.[11]

Sie dient allerdings jenen, die ohnehin schon viel haben. Europa ist in den letzten Jahren tendenziell immer reicher geworden: Das Bruttoinlandsprodukt der EU und der meisten ihrer Mitgliedsländer stieg in den letzten Jahren stetig – mit einem kurzen Einbruch im Jahr 2009 infolge der Finanzkrise. Allerdings waren es auch in Europa Wohlhabende und Konzerne, die ihren Reichtum trotz oder sogar mit der Krise vermehrt haben.

Die Welt im Griff der Konzerne

Multinationale Konzerne haben mit der Globalisierung in den letzten Jahrzehnten weltweit immer mehr an Wirtschaftsmacht – und damit auch an politischem Einfluss gewonnen. Ende 2011 sorgte eine Studie der ETH Zürich für Aufsehen, die die Konzernverflechtungen untersuchte: Ein Netzwerk von nur 147 Konzernen übe eine rund vierzigprozentige Kontrolle über 43 000 international tätige Unternehmen aus, so die Autoren. Mithilfe dieser Netzwerke würden nur 1,7 Prozent der multinationalen Firmen achtzig Prozent der Umsätze weltweit kontrollieren.[12]

Nach Angaben der Handels- und Entwicklungskonferenz der Vereinten Nationen (UNCTAD) lag die Zahl transnationaler Unternehmen Ende der 1960er Jahre bei etwa 10 000. Seit Mitte der achtziger Jahre stieg sie immer schneller an, bis sie mit dem Ausbruch der weltweiten Finanzkrise 2008 erstmals ins Stocken kam. Gab es im Jahr 1990 noch 35 000 transnationale Unternehmen, stieg die Zahl im Jahr

2000 bereits auf 63 000 und erreichte 2008 ihren bisherigen Höchststand mit 82 000 transnationalen Firmen mit mehr als 800 000 Tochterunternehmen.[13]

Damit dominieren die Multis die weltweiten Handelsströme. Laut dem »Global Investment Report 2013« der UNCTAD wird die globale Wertschöpfungskette aus dem Handel mit Gütern und Dienstleistungen zu achtzig Prozent von transnationalen Unternehmen bestimmt.[14] Und obwohl es infolge der Finanzkrise 2009 zu vereinzelten Einbrüchen kam, stiegen auch über die Krise hinweg die Umsätze und Gewinne der meisten multinationalen Unternehmen an.

Anders als kleinere, lokale Firmen bedienen die Multis lediglich die Profitinteressen ihrer Shareholder – also möglichst hohe Renditen für ihre Shareholder, das sind in erster Linie Banken und Investmentfonds, Multimillionäre und Milliardäre, zu erwirtschaften. Und sie haben aufgrund ihrer Größe die Möglichkeit, Regierungen einzelner Staaten unter Druck zu setzen. Etwa indem sie drohen, mit ihren Investitionen in Länder mit niedrigeren Steuern, Löhnen und Umweltstandards abzuwandern. Das würde kurzfristig den Verlust vieler Arbeitsplätze bedeuten – ein schlagendes Argument bei Wahlen. Unterm Strich zerstören große Konzerne allerdings wesentlich mehr Arbeitsplätze, als sie schaffen – weil ein wesentlich größerer Teil der Umsätze in die Renditen der EigentümerInnen fließt als bei kleinen und mittleren, lokal produzierenden Unternehmen, die von den multinationalen Ketten vom Markt verdrängt werden. Dazu kommt die Auslagerung großer Gewinne und Vermögen in Steueroasen, also in Länder wie Lichtenstein oder die Bahamas, die keine oder nur sehr niedrige Steuern einheben.

Anstatt diesen Entwicklungen gesetzlich gegenzusteuern – etwa durch eine stärkere Kontrolle der Finanzmärkte oder bessere Rahmenbedingungen für die Lokalwirtschaft –, senken Regierungen aus Angst vor Kapitalflucht und Abwanderung großer Unternehmen Sozial- und Umweltstandards und haben die Steuern auf Vermögen und Konzerngewinne so weit herabgesetzt, dass gerade die Reichen fast nichts mehr zur Finanzierung des Staates und der Sozialsysteme beitragen. Laut OECD beträgt der Anteil vermögensbezogener Steuern in Deutschland lediglich 0,6 Prozent des Bruttoinlandsprodukts, der Durchschnitt der Industrieländer liegt bei 1,6 Prozent.[15]

Der »Global Wealth Report 2015« zeigt zum Beispiel, dass sich vor allem jene über einen kräftigen Zuwachs freuen konnten, die ihr Geld in Aktien angelegt haben: 2014 stiegen die privaten Finanzvermögen im Vergleich zum Vorjahr um fast zwölf Prozent auf 146 Billionen Euro – nach ähnlichen Steigerungsraten in den Jahren davor. Die Vermögen konzentrieren sich demnach immer stärker bei den Superreichen.[16]

Nie gab es zum Beispiel in Deutschland mehr MilliardärInnen als heute. 123 waren es im Jahr 2015, darunter nur 22 Frauen. Mehr Milliardäre als in Deutschland leben nur in den USA, in China und in Großbritannien. Das geht aus einer Statistik des Londoner Datendienstleisters Wealth-X hervor. Lediglich 24 Prozent von ihnen haben sich ihren Reichtum selbst erarbeitet. Der Rest hat zumindest zum Teil geerbt. Gemeinsam besitzen sie 368 Milliarden Euro.[17] Das ist mehr als die Gesamtausgaben des deutschen Bundeshaushalts (2015: 299,5 Milliarden Euro).[18] Zum Vergleich: Für die steigende Zahl der etwas über drei Millionen arbeitslosen »Hartz-IV«-EmpfängerInnen sah der Bundeshaushalt für 2015 knapp 32 Milliarden vor.[19]

Wem gehört die Welt?

Die Globalisierung des Kapitalismus, die politische Dominanz neoliberaler Ideologien, die Machtkonzentration der Weltkonzerne und die Spekulation auf den Finanzmärkten haben zu einer extremen Konzentration des Reichtums in der Welt geführt. Banken und Investmentfonds sagen: »Gib uns dein Geld, wir lassen es für dich arbeiten!« Doch Geld arbeitet nicht von selbst. Wenn sich das Kapital der Wohlhabenden durch Aktienspekulation und ohne eigene Arbeit vermehrt, dann nur deshalb, weil dafür andere zu niedrigen Löhnen schuften müssen, weil Umwelt und Menschen ausgebeutet werden.

Im Januar 2014 erschien eine Studie[20] der weltweit agierenden Entwicklungsorganisation Oxfam, deren Ergebnisse sich im Wesentlichen auch mit einer Untersuchung des World Institute for Development Economics Research der Universität der Vereinten Nationen (UNU-WIDER) aus dem Jahr 2006[21] decken und zeigen, dass sich der globale Trend zur Vermögensungleichheit seither sogar noch verstärkt hat. Die wichtigsten Ergebnisse:

– Das reichste Prozent der Weltbevölkerung besitzt heute fast die Hälfte der Vermögen in der Welt (2006 waren es laut UNU-WIDER »nur« vierzig Prozent).

– Mit der Finanzkrise 2009 ist das reichste Prozent reicher geworden, während neunzig Prozent der Weltbevölkerung ärmer wurden.

– Die 85 reichsten Menschen besitzen gemeinsam ebenso viel wie die ärmere Hälfte der Weltbevölkerung zusammen.

Diese ärmere Hälfte der Weltbevölkerung muss sich gemeinsam ein Prozent aller Weltvermögen teilen – das ist so,

als müssten fünfzig Menschen von dem leben, was für einen
da ist. Im Durchschnitt hat diese ärmere Hälfte der Weltbevölkerung weniger als zwei Dollar pro Tag zum Leben.

Laut dem Welternährungsprogramm der Vereinten Nationen leiden rund 870 Millionen Menschen – also etwa jeder
achte Mensch – weltweit an Hunger. Gleichzeitig könnte die
Erde laut dem »World Food Report« der UNO bei einer gerechten und nachhaltigen Nutzung landwirtschaftlicher Flächen – also auch ohne Einsatz von Gentechnik – rund zwölf
Milliarden Menschen ernähren. Bis 2050 wird sich die Weltbevölkerung laut DemografInnen bei rund neun Milliarden
einpendeln.

Die Ursache für Elend und Hunger – und auch für die daraus resultierenden Migrationsbewegungen, also etwa die
von der Politik gerne als solche diffamierten »Wirtschafts-
flüchtlinge« – liegt also weder in der Überbevölkerung noch
an schlechten landwirtschaftlichen oder klimatischen Verhältnissen in ärmeren Ländern. Sie liegt vor allem an der un-
gerechten Aufteilung des Reichtums in der Welt, aber auch
daran, dass zum Beispiel als Folge des Klimawandels immer mehr Lebensräume zerstört werden. Oder anders gesagt: daran, dass zum Beispiel Lebensmittel- und Rohstoff-
konzerne natürliche Ressourcen für sich beanspruchen und
die Umwelt zerstören, dass Reiche und Mächtige, Konzerne,
Banken und Regierungen den Rest der Welt skrupellos für
ihre Profite ausbeuten.

Der Einfluss der Wirtschaftslobbys

Selbst SpitzenpolitikerInnen gestehen ein, dass sie bei wichtigen Entscheidungen nichts mehr mitzureden haben. So bekannte der konservative bayrische Ministerpräsident Horst Seehofer: »Diejenigen, die entscheiden, sind nicht gewählt, und diejenigen, die gewählt werden, haben nichts zu entscheiden.«[22] Ein österreichischer Amtskollege, der ehemalige steirische Landeshauptmann Franz Voves, wird noch konkreter: »Die Politik wird von multinationalen Großkonzernen overruled. Sie hat das Zepter nicht mehr in der Hand.«[23] Dabei verschweigen sie allerdings, dass die Politik das Zepter selbst aus der Hand gegeben hat: Mit der Privatisierung öffentlicher Güter und Dienstleistungen, die dem Staat – also uns allen – gehörten, haben sie diese einer gleichberechtigten allgemeinen Zugänglichkeit und einer demokratischen Kontrollmöglichkeit entzogen und die Gesellschaft damit enteignet. Das Wort »privare« kommt vom Lateinischen »berauben«, und es sind unsere gewählten politischen VertreterInnen, die uns hier beraubt haben.

Wie aber sieht der Einfluss der Konzerne und KapitalbesitzerInnen auf die europäische Politik konkret aus?

Großunternehmen und ihre EigentümerInnen haben mächtige Interessenvertretungen mit guten Verbindungen in die Politik. Diese versuchen, direkten Einfluss auf die Regierungen zu nehmen oder mithilfe von Medien auf die öffentliche Meinungsbildung einzuwirken. Man nennt das Lobbyismus.

Lobbyismus ist nichts grundsätzlich Schlechtes: Alle gesellschaftlichen Gruppen, auch ArbeitnehmerInnen, die in Gewerkschaften organisiert sind, Umweltvereine, Menschenrechtsorganisationen oder VertreterInnen von Minderheiten betreiben Lobbyismus, um ihren Anliegen Gehör zu verschaffen. Allerdings haben die Interessenvertretungen der Wirtschaftseliten aufgrund ihrer finanziellen Macht sehr viel mehr Möglichkeiten, Druck auf PolitikerInnen oder Medien auszuüben. Der langjährige Lobbyist Daniel Guéguen warnt, dass »in Zukunft immer schärfere Lobbystrategien« angewendet würden, die »vermutlich Praktiken wie Manipulation, Destabilisierung und Desinformation beinhalten«.[24]

Ein Großteil der wirtschaftspolitisch relevanten Entscheidungen in Europa wird heute in Brüssel getroffen. Dort sind zurzeit etwa 20 000 LobbyistInnen tätig. Besonders effektiv lobbyieren Tabakunternehmen, Energiekonzerne, Pharma- und Chemieunternehmen, Rüstungskonzerne, Lebensmittelhersteller und Autohersteller, schreibt die *Süddeutsche Zeitung*.[25] Und Banken: Einer Statistik des EU-Parlaments zufolge versuchen 700 Finanz-Lobbyisten die europäische Gesetzgebung mit einem jährlichen Budget von 350 Millionen Euro zu beeinflussen. Kein Wunder: Nach der Finanzkrise gerieten zahlreiche Großbanken ins Strudeln. Und ausgerechnet diejenigen, die immer dem freien Markt das Wort geredet hatten und staatliche Einflussnahme für ein Übel hielten, wollten nun mithilfe staatlicher Bankenrettungspakete vor dem Konkurs bewahrt werden. Nach dem Motto »too big to fail« werden so wir SteuerzahlerInnen gezwungen, die gescheiterten Spekulationsgeschäfte von Großbanken in Milliardenhöhe nachträglich zu finanzieren – während sich die Spekulanten und EigentümerInnen mit fetten Gewinnen aus dem Staub machen.

Ein anderes Beispiel für Lobbyismus ist das Verhalten von Ölkonzernen wie ExxonMobil, aber auch von deutschen Automobilherstellern wie BMW, Daimler und Porsche, die durch aggressives Lobbying zu verhindern versuchen, dass die EU verbindliche Maßnahmen zum Klimaschutz durch CO_2-Reduzierung ergreift. Manchmal läuft diese Einflussnahme mit sehr profanen Mitteln: So soll BMW der litauischen EU-Ratspräsidentschaft kostenlos 180 neue Wagen für die Dauer von sechs Monaten zur Verfügung gestellt haben, als diese darüber entschied, ob ein strittiges Gesetz zur CO_2-Reduktion im EU-Ministerrat aufgerufen wird.[26]

Neben der EU-Kommission und dem EU-Rat sind auch viele Abgeordnete des EU-Parlaments dem Einfluss der Industrielobbys ausgesetzt, da sie über eine unüberschaubare Flut von Gesetzestexten entscheiden müssen. So ist eine große Zahl von EU-Gesetzen fast wortwörtlich von dem abgeschrieben, was die VertreterInnen der Konzerne in ihren Wunschlisten an die PolitikerInnen formuliert haben.

Immer häufiger verschwimmt auch die Rolle zwischen KonzernlobbyistInnen, Politik und SpitzenbeamtInnen. »Tatsächlich wächst die Zahl der deutschen Konzerne, die ehemalige Staatsdiener verpflichtet haben, damit diese rund um den Globus ihre politischen Interessen vertreten«, schrieb die *Zeit* im Dezember 2013.[27] »Ich bin verpflichtet worden, um für Daimler weltweit politische Interessenvertretung zu organisieren«, zitiert sie etwa den ehemaligen Sprecher des Auswärtigen Amtes. Dessen früherer Staatssekretär Wolfgang Ischinger wiederum lobbyiert für den Versicherungskonzern Allianz günstige Bedingungen in Ländern wie China und Indien. Die *Zeit* bezeichnet die ehemaligen Spitzenbeamten und Politiker, die nun zum Beispiel für mehr Freihandel oder weniger Klimaschutz lobbyieren, als »Außenminister der Konzerne«. Neben der Allianz und Daimler arbeiten sie bei Volkswagen, der Deutschen Bank, Siemens und BP. »Und zwei Spitzenbeamte sind inzwischen wieder für die Regierung tätig. Das war allerdings so geplant;

beide Seiten sollen vom Wechsel zwischen Staatsdienst und Wirtschaft profitieren.«

Der deutsche Exkanzler Gerhard Schröder, sein österreichisches Pendant Alfred Gusenbauer, ja sogar der grüne Exminister Joschka Fischer – die Liste ehemaliger PolitikerInnen im Sold höchst umstrittener Konzerne ist lang.

Freihandel statt Demokratie

Neben dem direkten Einfluss auf die europäische oder nationalstaatliche Gesetzgebung mithilfe ihrer Lobbys drängen die Konzerne seit langem auf den Abschluss internationaler Freihandelsabkommen, für deren Einhaltung eigene internationale Handelsgerichte sorgen sollen. Sie sollen die Multis davor schützen, dass demokratisch kontrollierte Parlamente und Institutionen ihre grenzenlosen Profite schmälern.

Dabei geht es nicht nur darum, direkte Handelsbarrieren wie Zölle und Einfuhrkontingente zu reduzieren, sondern auch um die Abschaffung von technischen Standards, Umweltgesetzen oder Regeln für öffentliche Aufträge und Ausschreibungen, die von multinationalen Unternehmen als Handelshindernisse empfunden werden. Sie drängen auf weitere Marktöffnungen und die Privatisierung öffentlicher Güter und Dienstleistungen, um ihre Geschäftsfelder, Umsätze und Gewinne steigern zu können.

Die Auswirkungen von Handelsliberalisierungen auf die Gesellschaft sind höchst unterschiedlich: Es gewinnen in der Regel die EigentümerInnen großer Unternehmen. Dafür verlieren zum Beispiel Hunderttausende von KleinbäuerInnen ihre Existenzgrundlage, wenn ihre Produkte wie Reis, Mais oder Milch durch Billigimporte verdrängt werden.[28]

Ganze Branchen wie zum Beispiel die Textilbranche in Europa schließen, wenn die Produktion in Billiglohnländer verlagert wird. Massenarbeitslosigkeit ist die Folge. In einigen Fällen ist es gelungen, dass neue und besser bezahlte Arbeitsplätze die alten ersetzen. Doch sicher ist nur, dass infolge der Globalisierung die soziale Ungleichheit in den meisten Ländern zunimmt.[29]

Außerdem kann das gesamte Spiel nicht dauerhaft funktionieren. Das mit der Produktionsverlagerung einhergehende Versprechen ist ja gerade, dass sich die Lebensbedingungen und das Einkommen in China und anderen Billiglohnländern durch die internationale Arbeitsteilung an das der wohlhabenderen Länder früher oder später anpassen wird. Käme es aber so weit, dann müssten auch die reichen Länder ihre Kleider und Schuhe wieder selbst herstellen – die Freihandelsideologie ist also unlogisch.

Eine sichere Verliererin ist zudem die Umwelt, denn Freihandel hat mehr Umsatz, mehr Gewinn und dadurch auch mehr Produktion und mehr Konsum zum höchsten Ziel. Wirtschaftliches Wachstum ist aber schon jetzt – global betrachtet – nicht mehr verträglich, wenn die Menschheit innerhalb der Grenzen des Planeten leben will. In Europa verbraucht jede/r DurchschnittsbürgerIn vier- bis fünfmal so viele Ressourcen, wie ihm oder ihr bei einer global gerechten Verteilung innerhalb der ökologischen Grenzen des Planeten zustünde. Anders gesagt: Wenn wir so weiterwirtschaften, brauchen wir bald einen neuen Planeten.

Sämtliche weltwirtschaftlich etablierten Instrumente, von der Entwicklungshilfe bis zur Kreditvergabe an Staaten, vom Freihandel bis zum freien Kapitalverkehr, vom Investitionsschutz bis zum Klagerecht für Konzerne, zielen auf Wirtschaftswachstum ab und damit auf weiteren Anstieg des globalen Ressourcenverbrauchs. Im Freihandel steckt eine ökologisch kontraproduktive Dynamik: In den Supermärkten der EU werden Äpfel aus Chile angeboten, Milch aus Neuseeland, Wein aus Kalifornien, Textilien aus China – alles Rohstoffe und Produkte, die in Europa in bester Qualität vorkommen. Diese Art »Freihandel« ohne ökologische Einbettung der Spielregeln ist nicht nur ein Klassenkampf von Reich gegen Arm, sondern auch ein Krieg gegen die Natur.

Durchgesetzt werden diese Freihandelsabkommen mithilfe internationaler Handelsgerichte, die keinerlei demokratische Legitimation haben. So klagte etwa der schwedische Energieriese Vattenfall Deutschland aufgrund des deutschen Atomstrom-Moratoriums auf 3,7 Milliarden Euro Schadenersatz, obwohl die Atomkraftwerke der Schweden hier längst amortisiert sind. In Uruguay reichte der US-amerikanische Tabakkonzern Philip Morris eine Entschädigungsklage ein, um Gesetze zum Schutz vor den gesundheitsschädlichen Folgen des Zigarettenkonsums zu verhindern.

TTIP, CETA, TiSA und Co.

Derzeit verhandeln die USA und die Europäische Union mit Hochdruck eine bilaterale Freihandelszone, die alle bisherigen Handelsabkommen in den Schatten stellen soll: Das TTIP (Transatlantic Trade and Investment Partnership) soll mit schön klingenden Begriffen wie »gegenseitige Anerkennung« oder »Harmonisierung« Regulierungen zum Schutz gesellschaftlicher, ökologischer und demokratischer Interessen aushebeln. »Gegenseitige Anerkennung« bedeutet nämlich im Klartext, dass die Gesetze der USA für Investoren aus den Vereinigten Staaten auch in der EU gelten sollen – und umgekehrt. Ähnliches gilt für CETA – ein Freihandelsabkommen zwischen der EU und Kanada – und TiSA, ein Dienstleistungsabkommen, das die EU mit 21 Ländern der Welthandelsorganisation WTO verhandelt.

Wozu noch demokratische Souveränität, wenn die Gesetze anderer Länder auch im Inland gelten, ohne dass gewählte Organe dies beeinflussen können? Bereits 1994 versuchte die WTO, ein direktes Klagerecht für Konzerne gegen Staaten zu verankern – das war aber mit der Mehrheit der armen Länder auf multilateraler Ebene nicht zu machen. Ein weiterer Versuch im exklusiven Kreis der Industrieländer, der OECD, scheiterte unter dem Titel »MAI« (Multilaterales Abkommen über Investitionen) 1998 an der Gegenmobilisierung der globalisierungskritischen Bewegungen: Weil zivilgesellschaftliche Initiativen und soziale Bewegungen damals öffentlichen Widerstand organisierten, verließ das französische Parlament letztendlich die Verhandlungen, womit das MAI vorerst begraben wurde.

Die Macht der Zivilgesellschaft

Der Fall des MAI ist gleichzeitig ein schönes Beispiel für die Macht zivilgesellschaftlicher und sozialer Bewegungen: Es waren keine gewählten Parteien, PolitikerInnen oder gar Regierungen, die die drohende Entmachtung demokratischer Institutionen durch die Konzernlobbys zu Fall brachten, sondern kleinere und größere Gruppen kritischer Einzelpersonen, Nichtregierungsorganisationen (NGOs), Gewerkschaften, kleine oder landlose Bauern und Bäuerinnen und so weiter, die auf der ganzen Welt die Bevölkerung über die Gefahren dieses geheim verhandelten Freihandelsabkommens informierten, Protestveranstaltungen organisierten und Druck auf Parlamente und Regierungen ausübten. Dieser globale Widerstand führte 1998 sogar dazu, dass 450 VertreterInnen multinationaler Konzerne eine gemeinsame Erklärung abgaben, in der sie den zivilgesellschaftlichen AkteurInnen ihre demokratische Legitimation absprachen: »Die Entstehung von Aktivistengruppen droht die öffentliche Ordnung, die rechtmäßigen Institutionen und den demokratischen Prozess zu untergraben. (…) Es müssten Regeln aufgestellt werden, um die Legitimität dieser aktivistischen regierungsunabhängigen Organisationen zu klären, die vorgeben, die Interessen großer Teile der Zivilgesellschaft zu vertreten.«[30] Das zeigt, immerhin, wie sehr sich die Mächtigen der Welt davor fürchten, wenn wir, die Zivilgesellschaft, also aktive Bürgerinnen und Bürger, uns organisieren.

Ähnlich wie dem MAI erging es auch anderen globalen Freihandelsverträgen wie dem Globalen Abkommen zum Handel mit Dienstleistungen (GATS), mit denen allen voran die Welthandelsorganisation WTO ab Mitte der neunziger Jahre versuchte, die Profitinteressen der Weltkonzerne durchzusetzen: Auch hier war es eine weltweit vernetzte Zivilgesellschaft, die durch globale Proteste verhinderte, dass Staaten etwa gezwungen werden konnten, zum Beispiel öffentliche Bildungs- und Gesundheitsdienste zu privatisieren.

»Wenn die Macht des Geldes regiert, ist das eine schlechte Nachricht für die Demokratie«, warnt die Sozialanthropologin Shalini Randeria. Die bisher führende Wirtschaftsmacht USA sei bereits jetzt stark von Lobbyinteressen beeinflusst, und auch die europäische Politik habe viele Entscheidungen an Wirtschaftslobbys wie die WTO delegiert. Das könnte sich mit dem rasanten Aufstieg einer neuen ökonomischen Weltmacht noch verschlimmern: »Viele schielen nach China und glauben zu erkennen, wie gut man in einem autoritären System wirtschaftliche Fortschritte machen kann – und blenden dabei die Probleme, die es in diesem System gibt, völlig aus. (...) In Lateinamerika oder Afrika verbreitet sich beispielsweise das Gefühl, Politik wird ohnehin von der Weltbank oder dem Währungsfonds diktiert. Dasselbe Phänomen sehen wir in Griechenland, wenn die Troika tönt, es ist uns egal, welche Partei ihr wählt, solange das gemacht wird, was wir wollen. Das ist ein schreckliches Signal für demokratische Mitsprache.«

Trotz dieser weltpolitischen Entwicklungen blickt die Wissenschaftlerin optimistisch in die Zukunft: »Die Menschheit ist lernfähig: Wir hatten die Anti-Sklavereibewegung, die Antikolonialbewegung, die Frauenbewegung, die Bürgerrechtsbewegung, die Anti-Apartheitbewegung. Warum sollten die Menschen nicht in der Lage sein, zu erkennen, dass sie diesen Planeten mit anderen teilen müssen und dass es nur diesen einen Planeten gibt?«[31]

Staatsversagen: Die Zivilgesellschaft springt ein

Ein aktuelles Beispiel für das Versagen staatlicher Institutionen ist der Umgang mit der Tatsache, dass immer mehr Menschen aus Krieg und Elend nach Europa flüchten: Länder wie Deutschland und Österreich, die früher einmal – etwa während des Jugoslawienkriegs – ohne große Probleme Hunderttausende Flüchtende aufgenommen und versorgt haben, scheinen mit den aktuellen Fluchtbewegungen plötzlich überfordert. Und das, obwohl der weitaus überwiegende Teil von ihnen in den unmittelbaren Nachbarländern Schutz sucht: Ende 2014 lebten etwa je rund 1,5 Millionen Flüchtlinge in der Türkei und in Pakistan, gefolgt vom Libanon und Iran mit je rund einer Million.[32] In Deutschland zur gleichen Zeit: 217 000, in Österreich 55 000.[33]

Dennoch rief die menschenunwürdige Unterbringung von Asylsuchenden im österreichischen Aufnahmelager Traiskirchen im Sommer 2015 sogar Amnesty International auf den Plan. Obdachlosigkeit, schwangere Mütter und Kleinkinder, die im Freien bei Regen am nackten Fußboden schlafen müssen, mangelnde Hygiene und sanitäre Einrichtungen: Der Amnesty-Bericht klingt wie die Beschreibung eines Flüchtlingslagers in einem Entwicklungsland. Für mehr als 4000 Frauen, Kinder und Männer gebe es keine ausreichende Versorgung, keine Betreuung, keine Sicherheit. Siroos Mirzaei, der medizinische Experte des Research Teams, schilderte: »Der erste Eindruck, den man in Traiskirchen als Mediziner gewinnt, ist Elend und ungeschützt der Hitze ausgelieferte Menschen.«[34] Ähnlich die Situation im selben Sommer in Berlin: So wie in Traiskirchen sprangen statt den zuständigen staatlichen Organen Hunderte engagierte Mitglieder der Zivilgesellschaft ein, um die traumatisierten Menschen mit dem Nötigsten zu versorgen.[35] Und das in zwei der reichsten Länder der Welt, mitten in Europa. Und als im September 2015 innerhalb weniger Tage Zehntausende Menschen über Ungarn nach Österreich und Deutschland flüchteten, organisierten Tausende private Helferinnen und Helfer binnen weniger Stunden deren Versorgung und Weiterreise, stellten Lebensmittel, Schlafmöglichkeiten, ärztliche Behandlung, Rechtsberatung, Übersetzungsdienste und so weiter zur Verfügung oder fuhren sogar ins autoritär regierte Ungarn, um Familie für Familie in privaten Autos illegal über die Grenze und damit in Sicherheit zu bringen. Illegal, weil auch humanitäre Fluchthilfe noch immer als

Schleusungskriminalität unter Strafe steht – in Ungarn sogar mit bis zu neun Jahren Haftandrohung für die HelferInnen. Am Ende waren es so viele, dass die staatlichen Organe einfach wegschauten.

Soziale Bewegungen als Motor der Entwicklung

Wenn wir in die Geschichte blicken, dann waren es tatsächlich immer zunächst soziale Bewegungen aus der Bevölkerung – und nicht Parteien oder Regierungen –, die gesellschaftliche Fortschritte erkämpften. Denken wir etwa an die ArbeiterInnenbewegung, die Bewegungen zur Abschaffung der Sklaverei, die Frauenbewegung, die Umweltbewegung, die Tierschutzbewegung, verschiedene Studierenden- und Bürgerrechtsbewegungen oder die Bewegungen zur Gleichstellung von Schwulen, Lesben und Transgender-Personen oder gegen die Diskriminierung von Menschen anderer als weißer Hautfarbe oder solchen mit Behinderungen: Im besten Fall haben Parteien deren Forderungen aufgegriffen, vorangetrieben und institutionalisiert, wenn sie an die Macht gekommen sind – vor allem dann, wenn politische VertreterInnen selbst ursprünglich in sozialen Bewegungen aktiv waren.

Allzu häufig führen aber gerade politische Machtpositionen dazu, dass PolitikerInnen und Parteien, die ursprünglich von idealistischen Motiven geleitet waren, Korruption und Machtmissbrauch betreiben oder im Stillstand verharren: Wer es sich einmal in den mit der Macht verbundenen Privilegien gemütlich eingerichtet hat, vergisst allzu schnell seine oder ihre Wurzeln oder das, wofür er oder sie einmal gekämpft hat.

Nehmen wir etwa die ArbeiterInnenbewegung, die vor

allem seit dem 19. Jahrhundert und mit der beginnenden Industrialisierung die eigenen Rechte gegenüber der besitzenden Klasse erkämpfte. Die aus ihr hervorgegangenen – vor allem sozialistischen und marxistischen – Parteien und Gewerkschaften trugen über die Jahrzehnte hinweg tatsächlich zu einer massiven Verbesserung der sozialen und demokratischen Rechte und der Lebensumstände der arbeitenden Bevölkerung bei. Gleichzeitig aber betrieben auch sozialistische Regierungen Korruption und Machtmissbrauch bis hin zur diktatorischen Unterdrückung ganzer Bevölkerungen durch kommunistische Regime.

Und heute haben viele jener, die sich auf ihre Wurzeln innerhalb der ArbeiterInnenbewegung berufen – allen voran die Eliten innerhalb der sozialdemokratischen Parteien und Gewerkschaftsbünde –, längst ihren Frieden mit neoliberalen Kapitalinteressen geschlossen und treiben diese zum Teil sogar aktiv voran. Internationale Solidarität und Menschenrechte verkommen da zu Schlagworten in Parteitagsreden, gleichzeitig beteiligen sich sozialdemokratische Parteien gemeinsam mit den konservativen und nationalistischen VertreterInnen des Kapitals in vielen Ländern am Abbau sozialer Rechte, an Privatisierungen und Handelsliberalisierungen, an der Beschneidung bürgerlicher und demokratischer Freiheiten, am Aufbau überwachungsstaatlicher Maßnahmen, an Umweltzerstörung und an nationalistischen und rassistischen Gesetzgebungen gegen MigrantInnen und Asylsuchende. Der Grund wiederum: das Festklammern an Macht und Privilegien. Und die gibt es auch für »moderne« SozialdemokratInnen offenbar billiger, wenn sie sich mit den ökonomischen Eliten und den populistischen Massenmedien in ihrem Dienst gut stellen, anstatt im Konflikt mit denselben für die Rechte von weniger Privilegierten einzutreten.

Demokratie braucht Konflikt

Vor allem dieser Niedergang der traditionellen ArbeiterIn-
nenklasse und der Verzicht ihrer politischen Interessenvertretung – also der ehemals sozialistischen Parteien – auf
den Konflikt mit den VertreterInnen der KapitalbesitzerInnen bedeutet für den britischen Politikwissenschaftler Colin
Crouch, dass wir auf einen Zustand der Postdemokratie zu-
steuern, in der »zwar nach wie vor Wahlen abgehalten werden (…), in dem allerdings konkurrierende Teams professioneller PR-Experten die öffentliche Debatte während der
Wahlkämpfe so stark kontrollieren, dass sie zu einem reinen Spektakel verkommt, bei dem man nur über eine Reihe
von Problemen diskutiert, die die Experten zuvor ausge-
wählt haben«. Durch die Vorherrschaft des neoliberalen
Einflusses der Konzerne auf die Politik habe sich »nach einem Augenblick der Demokratie Langeweile, Frustration
und Desillusionierung breitgemacht«, weil »politische Eliten gelernt haben, die Forderungen der Menschen zu manipulieren; in denen man die Bürger durch Werbekampagnen
›von oben‹ dazu überreden muss, überhaupt zur Wahl zu gehen«.[36] Umso mehr ginge es heutzutage darum, die wachsende Dominanz der ökonomischen Eliten zu begrenzen und
den Bürgerinnen und Bürgern neue Handlungs- und Mitbe-
stimmungsmöglichkeiten abseits von Wahlen zu ermöglichen, meint Crouch.

So wagt heute kaum eine politische Partei noch, inhaltliche Forderungen zu erheben, ohne vorher deren Akzeptanz zumindest in der eigenen Zielgruppe in kosteninten-
siven Markt- und Meinungsforschungen getestet zu haben.
Da geht es nicht mehr darum, Überzeugungsarbeit für politische Ziele zu leisten und für diese mit guten Argumenten

Mehrheiten zu gewinnen: Der Weg ist immer öfter der umgekehrte: Wir machen das, was bereits massentauglich und risikolos vermittelbar ist. Dies entspricht auch meinen persönlichen Erfahrungen als Kommunalpolitiker: Die Partei, für die ich fünf Jahre lang als Abgeordneter zum Landtag gearbeitet habe, wird tendenziell dem linken Spektrum zugeordnet. Die meisten ihrer ProponentInnen sind mit einem ausgeprägten Bewusstsein für sozial- und umweltpolitische sowie menschenrechtliche Grundwerte ausgestattet. Sie sind in die Politik gegangen, um aus idealistischen Motiven oder im Kampf gegen Ungerechtigkeiten etwas zu verändern. Und scheuten lange Zeit auch den Konflikt mit den Verursachern dieser Ungerechtigkeiten nicht.

Gleichzeitig kamen einige über die Jahre hinweg in den Genuss relativ hoher Abgeordnetengehälter und anderer Privilegien und begannen, ihre persönliche Lebensplanung danach auszurichten, diese Privilegien nicht mehr zu verlieren, also den Erhalt des eigenen Mandats zum Schwerpunkt ihrer Aktivitäten zu machen. Sie erlernten machiavellistische Methoden des Machterhalts und der Intrige auch gegen politische Verbündete, bildeten Seilschaften und professionalisierten die politische Kommunikation mit dem plausiblen Argument, dass man ja Mehrheiten – also breitere WählerInnenschichten – erreichen müsse, um gemeinsame politische Ziele durchsetzen zu können.

In der Praxis führte das allerdings zunehmend dazu, dass politische und werteorientierte Inhalte in den Hintergrund traten, informelle Machtzirkel innerhalb der Partei und ExpertInnen für Werbung und Public Relations mehr Einfluss auf das Setzen politischer Schwerpunkte und die öffentliche Kommunikation gewannen als gewählte MandatarInnen. In Fraktionssitzungen ging es immer öfter um die Interpretation von Marktforschungsergebnissen als um die Entwicklung politischer Strategien zur Durchsetzung inhaltlicher Ziele oder das demokratische Austragen von Meinungsunterschieden, sowie um das möglichst gleichlautende Hinaustragen von Werbebotschaften, die von Agenturen vorformuliert wurden, und die Vermeidung von Dissens und Konflikten.

Da wurde ein sogenannter »Markenkanal« formuliert, innerhalb dessen wir MandatarInnen unsere öffentlichen Aussagen positionieren sollten: leicht konsumierbar, auf Harmonie und Akzeptanz bedacht, den Massengeschmack treffend. Das – auch in Wahlkampftrainings explizit formulierte – Vorbild: erfolgreiche Markenfirmen wie Coca-Cola, Nestlé oder H&M. Kritik daran war nicht erwünscht. Unpopuläre Aktivitäten – etwa der Einsatz für die Rechte gesellschaftlicher Randgruppen wie BettlerInnen, Asylsuchende, Drogenkranke oder SexarbeiterInnen – wurden zwar toleriert, sollten aber vor allem in Wahlkämpfen möglichst geheim gehalten werden. Werbemittel und Plakate transportierten kaum mehr Inhalte, sondern nur noch ein diffuses »Lebensgefühl« wie in der Nivea-Werbung, vermittelt durch Agenturbilder von kuscheligen Tieren und klassischen Schönheitsidealen.

Das alles ließe sich noch strategisch argumentieren, wenn die Mehrheitsbeschaffung als Mittel zum Zweck dienen würde, Wahlerfolge zur Umsetzung politischer Ziele zu nutzen. Doch die zunehmende Dominanz marktwirtschaftlicher Erfolgskriterien machte jedem und jeder einzelnen MandatarIn schnell klar: Wer ein eigenständiges politische Profil entwickelt, wer von der Partei- und Werbelinie abweichende Meinungen äußert, wer sich dem Uniformitätszwang nicht unterwirft, riskiert seine oder ihre Karriere.

Diese Uniformität – die ihren Ausdruck sogar darin fand, dass alle Parteimitglieder im Wahlkampf die gleichen, im Billiglohnland China gefertigten Jacken trugen – führte letztendlich zum Verrat grundlegender politischer Ziele: Da wurden Spekulationsgeschäfte mit Währungskrediten unterstützt, die man früher kritisiert hatte, rassistische Boulevardmedien mit zusätzlichen Inseratenmillionen aus Steuergeldern ausgestattet, um sie für den Wahlkampf freundlich zu stimmen, auf den Konflikt mit mächtigen Interessengruppen verzichtet und unbequeme zivilgesellschaftliche AkteurInnen – also das Milieu, in dem viele MandatarInnen ihre politische Sozialisierung begonnen hatten – in internen Sitzungen verächtlich gemacht. Man war nun selbst Teil der Machtelite, die man ehemals kritisiert hatte, und wollte dieses Privileg um keinen Preis aufgeben.

Ich erzähle das hier nicht, um einzelnen AkteurInnen die Schuld daran zu geben. Sondern um zu zeigen, dass es sich hier um ein Systemproblem handelt: das System der Macht. Ich selbst habe dieses System aus nächster Nähe kennengelernt – zu meinem eigenen Glück nur fünf Jahre lang, denn die Verlockung, sich auf den Privilegien der Macht auszuruhen, ist groß. Aber um dieses System bekämpfen zu können, müssen wir es verstehen lernen. Und akzeptieren, dass wir damit, also mit jeder Art von Macht, in Konflikt treten müssen – und das Problem nicht lösen können, indem wir selbst Teil davon werden.

Macht korrumpiert. Immer.

Die Profiteure der immer größer werdenden Unterschiede zwischen Arm und Reich, der Kriege um Rohstoffe, von Nationalismus, Fremdenhass und Umweltzerstörung werden sich ihre Privilegien nicht freiwillig wegnehmen lassen. Der Kampf um soziale Gerechtigkeit, um ökologische Nachhaltigkeit und Demokratie muss daher auch ein Kampf gegen die Interessen der Privilegierten sein. Gerade für Parteien oder PolitikerInnen, die innerhalb des neoliberalen Mainstreams auf Stimmenmaximierung abzielen, scheint ein solcher Kampf heute aber fast aussichtslos: Wer das bestehende Wirtschaftssystem oder die herrschenden Eliten in Frage stellt, wer die Gefährdung der Demokratie durch die Übermacht der Konzerne bemängelt und den sogenannten freien Markt nicht als Ordnungsmacht akzeptieren will, wird schnell als Extremist gebrandmarkt und delegitimiert.

Wie dominant und im gesellschaftlichen Mainstream verfestigt die Interessen der herrschenden Eliten sind, zeigt eine Studie der Freien Universität Berlin über die Verbreitung angeblich linksextremer Einstellungen in Deutschland[37], die Anfang 2015 in eben diesen Kreisen für Unruhe sorgte: Ihr zufolge denken mehr als sechzig Prozent der Deutschen, dass in ihrem Heimatland keine echte Demokratie herrsche, da die Wirtschaft und nicht die WählerInnen das Sagen hätten.[38]

Ein Drittel der Befragten meint, dass der Kapitalismus zwangsläufig zu Armut und Hunger führe. Fast ebenso viele glauben deshalb, dass eine wirkliche Demokratie nur ohne Kapitalismus funktioniere. 37 Prozent aller West- und 59 Prozent aller Ostdeutschen halten kommunistische und sozialistische Gesellschaftsformen für eine gute Idee, die

bisher nur schlecht ausgeführt worden sei. Und ein Fünf-
tel fordert laut Studie gar eine Revolution, da Reformen die
Lebensbedingungen nicht verbesserten. Außerdem äußer-
ten sich 27 Prozent kritisch gegenüber dem modernen Überwachungsstaat, der Deutschland auf den Weg in die Diktatur führe.

Jetzt könnte man angesichts der steigenden sozialen
Ungleichheit ernsthaft und kritisch darüber nachdenken,
warum sich ein so hoher Anteil der Befragten Sorgen um den
Erhalt von Demokratie und Gemeinwohl macht und diese
Werte durch ökonomische Einflussnahme und staatliche Repression bedroht sieht. Anders aber die Schlussfolgerung der
StudienautorInnen und neoliberaler Medien: Sie rücken die
skeptische Haltung gegenüber dem Kapitalismus und den
von ihm vereinnahmten demokratischen Institutionen in die
Nähe des Linksextremismus, wenngleich sie ausdrücklich
festhalten, dass, wer den Kapitalismus überwinden will, zwar
noch per se »kein Verfassungsfeind, mithin kein Extremist«
sei, aber »den Wohlstand gefährden und die unternehmerische Freiheit einschränken« wolle.

Die wirtschaftsliberale Tageszeitung *Die Welt* veröffentlichte sogar eine Grafik, die die Zustimmung zu Aussagen
wie »Eine tief verwurzelte Ausländerfeindlichkeit lässt sich
bei uns in Deutschland überall im Alltag beobachten« als
linksextreme Position festmacht.[39] (Siehe Grafik Seite 46)

»Linkesextremistischen Tätern – nicht nur am Knei-
pentresen« werde zum Unterschied von Rechtsextremis-
tInnen und RechstpopulistInnen »immer noch eine Art folk-
loristischer Weltverbesserungsbonus eingeräumt. Motto:
Irgendwie meinen sie es ja gut.« Politische Haltungen wie
Antikapitalismus, Antifaschismus, Antirassismus wirft die
Welt mit Demokratiefeindlichkeit in einen Topf und kommt

Was Deutsche von linksextremen Positionen halten
Zustimmung zu Aussagen in Prozent

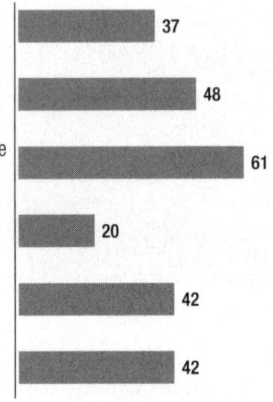

Kapitalismus führt zwangsläufig zu kriegerischen Auseinandersetzungen	37
Eine tief verwurzelte Ausländerfeindlichkeit lässt sich bei uns in Deutschland überall im Alltag beobachten	48
Unsere Demokratie ist keine echte Demokratie, da die Wirtschaft und nicht die Wähler das Sagen haben	61
Die Lebensbedingungen werden durch Reformen nicht besser – wir brauchen eine Revolution	20
Der Sozialismus/Kommunismus ist eine gute Idee, die bisher nur schlecht ausgeführt wurde	42
Die soziale Gleichheit aller Menschen ist wichtiger als die Freiheit des Einzelnen	42

Grafik aus der *Welt*: Sorge um Ausländerfeindlichkeit bereits »linksextrem« (Quelle: Freie Universität Berlin)

zur Schlussfolgerung: »Wenn man ein politisches Fazit der FU-Studie ziehen wollte, dann dies: Statt eines nachgeholten Antifaschismus, der sich in seiner moralischen Gratis-Überlegenheit sonnt, kommt es darauf an, die demokratische Mitte zu stärken. Von beiden Rändern des politischen Spektrums droht Gefahr, nicht zuletzt durch alte Ressentiments und einen neuen Irrationalismus, der der Vernunft den Kampf angesagt hat.«

Genau diese sehr weit verbreitete Gleichsetzung von Rechts und Links zeugt aber – gerade angesichts der deutschen Historie – von Geschichtsvergessenheit und mangelnder Genauigkeit. Rechte Ideologien haben auch in ihrem selbst formulierten Anspruch immer die Vorherrschaft von ökonomischen Eliten, von Nationen, Völkern oder sogenannten »Rassen« vertreten, während linke Positionen zumindest dem Anspruch nach auf Gleichberechtigung, Gemeinwohl und im Idealfall auch individuelle Freiheit drängen. In der politischen Praxis dienten linke Ideologien – etwa der Marxismus – tatsächlich als Grundlage zur Unterdrückung und Verfolgung von Menschen bis hin zum Massenmord etwa durch stalinistische Regime oder auch zu Terror- und Gewaltakten durch linksextremistische Gruppierungen. Eine ernsthafte Kritik müsste aber da ansetzen, wo linkes Gedankengut für menschenfeindliche Handlungen missbraucht wird, während rechte Ideologien per se darauf ausgerichtet sind, bestimmte Gruppen – Unterprivilegierte, Menschen anderer Herkunft, Hautfarbe, Religion, Lebensweise und so weiter – von der gleichberechtigten gesellschaftlichen Teilhabe auszuschließen.

Das Heraufbeschwören der »demokratischen Mitte« und die Gleichsetzung von Links und Rechts, wie sie vom neoliberalen Mainstream, von Bildungsinstitutionen und Medien sowie von ehemals antagonistischen Parteien (auch sogenannten linksliberalen PolitikerInnen innerhalb von Sozialdemokratie und Grünen) betrieben wird, verwischt die Tatsache, dass es in der Politik tatsächlich um die Aushandlung und das häufig konfliktreiche Ausfechten von Interessengegensätzen geht: Wer Verteilungsgerechtigkeit oder gleiche Rechte für alle Bevölkerungsgruppen will, kommt nicht umhin, die Milliardenvermögen der Superreichen in Frage zu stellen.

Die Notwendigkeit des Austragens politischer Konflikte ist auch das zentrale Element der »radikalen Demokratie«, die die belgische Politikwissenschaftlerin Chantal Mouffe einfordert. Demokratische Politik müsse Interessengegensätze – vor allem jene zwischen Links und Rechts – herausstreichen, da die viel beschworene »demokratische Mitte« lediglich neoliberalen Herrschaftsinteressen diene, weil sie die Gesellschaft entpolitisiere. Sie sieht die Tatsache, »dass sich die meisten sozialdemokratischen Parteien so weit hin zur Mitte bewegt haben, dass sie unfähig wurden, Alternativen zur existierenden Herrschaftsordnung anzubieten«, als Hauptgrund für sinkende Wahlbeteiligungen: »Kein Wunder, dass die Menschen das Interesse an Politik verlieren.«[40]

Politik ist der Konflikt um Verteilungsgerechtigkeit

Wenn in Ländern wie Deutschland oder Österreich gleichermaßen rund ein Prozent der Bevölkerung rund ein Drittel und zehn Prozent zwei Drittel besitzen, während sich die ärmere Hälfte der Bevölkerung gemeinsam etwas mehr als ein Prozent teilen muss, dann bedeutet das: Wollen wir diesen Unterschied zumindest so ausgleichen, dass niemand mehr in Armut leben muss, müssen wir Reichtum und hohe Erbschaften besteuern, um Armutsbekämpfung und soziale Infrastruktur wie öffentliche Bildung und Gesundheit finanzieren zu können. Das heißt, mit jenen, die von ihren – in den meisten Fällen ererbten oder auf den Kapitalmärkten erbeuteten – Reichtümern nichts hergeben wollen, in Konflikt treten. Genau diesen Konflikt versucht aber das Gerede von der »demokratischen Mitte« zu verwischen. In der Diskussion um Vermögens- und Erbschaftssteuern, die selbst in linken Modellen meist nur wenige Prozent und nur ab einer gewissen Höhe (in den meisten Modellen bei Vermögen oder Erbschaften nur jener Teil, der eine halbe oder eine Million Euro übersteigt) betragen würden, fahren die GegnerInnen häufig Drohszenarien auf, dass davon dann die gesamte Mittelschicht, die BesitzerInnen kleiner Immobilien oder geringer Ersparnisse bedroht wären.

Genau die würde aber davon ebenso profitieren wie jene,

die man damit aus der Armutsfalle heben könnte: durch bessere öffentlich finanzierte Einrichtungen in Bereichen wie Bildung, Gesundheit, Kultur, Verkehr und so weiter ebenso wie durch höhere soziale Sicherheit, weil weniger Armut auch weniger Kriminalität und höheren sozialen Frieden, aber auch bessere volkswirtschaftliche Voraussetzungen bringt.[41]

Auch in anderen Politikbereichen geht es um die konfliktreiche Austragung von Verteilungskonflikten: Wenn beispielsweise Erdöl-, Kohle- oder Agrarkonzerne die Ausbeutung natürlicher Ressourcen für sich beanspruchen, beuten sie in ärmeren Ländern Arbeitskräfte, Umwelt und Lebensräume aus, fördern Bürgerkriege und Korruption, befördern den Klimawandel und zerstören die natürlichen Lebensgrundlagen auch für nachfolgende Generationen.

Die Rohstoffausbeutung in Ländern des Südens ist auch die Hauptursache für die Flucht vor Krieg und Elend. Deshalb muss auch die Debatte um Migration und Asyl im Licht von Verteilungskämpfen geführt werden: Menschen verlassen ihre Heimat in erster Linie, weil ihnen dort die Perspektive auf ein menschenwürdiges Leben geraubt wurde. Von diesem Raub haben häufig auch politische und wirtschaftliche Eliten in jenen Ländern profitiert, in denen sie ein neues Leben für sich und ihre Familie aufbauen wollen. Und genau diese Eliten – also zum Beispiel unsere Regierungen – bauen nun Zäune an den Außengrenzen Europas, attackieren Flüchtlingsboote im Mittelmeer, stecken unschuldige Männer, Frauen und Kinder in Schubhaftgefängnisse, lassen sie in ihre Herkunftsländer abschieben, in denen ihnen Tod und Elend drohen, und hetzen die eigene Bevölkerung gegen MigrantInnen und Asylsuchende auf. Es ist, als würde ich in die Nachbarwohnung einbrechen, den Kühlschrank leerräumen, alles zu mir tragen und eine große Party schmeißen. Und wenn der Nachbar an meine Tür klopft und um ein bisschen Essen bittet, schmeiße ich ihn raus.

Wenn wir das nicht wollen, wenn wir also wollen, dass alle Menschen das Recht auf Freiheit und ein Leben in Würde haben, wenn wir diesen reichen und schönen Planeten für nachfolgende Generationen erhalten wollen, dann dürfen wir den Konflikt nicht scheuen. Den Konflikt mit all jenen, die sich persönlich bereichern und die Ausbeutung von Menschen und Umwelt als ihr Recht verteidigen, aber auch mit jenen, die in Parteien und Medien, in Bildungseinrichtungen und durch das Nachbeten ausbeuterischer und ausgrenzender Ideologien die Vorherrschaft der Profiteure unterstützen.

Die Erkenntnis, dass Politik (auch) Konflikt bedeutet, spiele aber zunehmend »eine geringe Rolle und ist negativ konnotiert. Es sollen weitgehend ›alle‹ mitgenommen werden (...) und die berühmten Win-win-Konstellationen geschaffen werden«, schreibt der Politikwissenschaftler Ulrich Brand.[42]

Parteien und PolitikerInnen, die Regierungsmacht anstreben, sind unabhängig von ihrer ideologischen Ausrichtung immer mehr damit beschäftigt, solche Win-win-Konstellationen als Ziel ihres Handelns zu behaupten, also nicht ehrlicherweise herauszustreichen, dass politische Transformation auch bedeutet, dass es bei der Durchsetzung ihrer Ziele auch VerliererInnen geben muss: Kaum eine Partei traut sich etwa offensiv eine erhebliche Besteuerung von Reichen und Konzernen zu fordern, weil sie weiß, dass zum Beispiel jene Mehrzahl an Massenmedien, die selbst im Eigentum von Reichen und großen Unternehmen stehen oder von deren Inseraten leben, dagegen auftreten und damit Wahlerfolge gefährden. Auch die Grünen vermeiden es mittlerweile zumindest in Wahlkampfzeiten, konfliktreiche Anliegen wie aus ökologischer Sicht notwendige Steuern auf Treibstoffe allzu laut zu fordern. Zu bitter sitzt ihnen noch die Erfahrung in den Knochen, als sie etwa 1998 nach einem Parteitagsbeschluss einer Benzinpreiserhöhung fast den Wiedereinzug in den Bundestag verpassten.

Ulrich Brand, der unter anderem auch im wissenschaftlichen Beirat von Attac Deutschland aktiv ist, ist der Meinung, dass politische Transformation vor allem von Nichtregierungsorganisationen und der Zivilgesellschaft ausgehe: »Es geht um die demokratische Gestaltung aller Lebensbereiche, vom Kindergarten über das Grätzel[43] bis zu den Hochschulen. (…) Es braucht Bündnisse zwischen sozialen Protestbewegungen, kritischen NGOs und Wissenschaftlern, Ermunterung von parteipolitischen Akteuren und mediale Aufmerksamkeit.«[44]

Die Rolle der Medien

Neben der regierenden Verwaltungsmacht (*Exekutive*), den parlamentarischen gesetzgebenden Institutionen (*Legislative*) und der richterlichen Gewalt (*Judikative*) werden öffentliche Medien wie Presse und Rundfunk in Demokratien häufig als »vierte Macht« bezeichnet, deren Aufgabe es ist, das politische Geschehen zu beobachten, zu kontrollieren und zu kommentieren und damit einen Beitrag zur demokratischen Aufklärung und zur Verhinderung von Machtmissbrauch zu leisten.

Eine solche demokratische Kontrolle kann aber nur dann funktionieren, wenn Journalistinnen und Journalisten unabhängig und frei von übergeordneten Machtinteressen recherchieren und publizieren können – und wenn auch am Medienmarkt so etwas wie demokratische Vielfalt herrscht.

Mittlerweile stehen aber auch die meisten Massenmedien direkt oder indirekt im Dienst wirtschaftlicher Interessen. Weil die Politik zu lange weggeschaut hat, fand in den letzten Jahren ein enormer Konzentrationsprozess statt, der zur Monopolbildung am Medienmarkt geführt hat und damit Vielfalt und Meinungsfreiheit bedroht. In Deutschland etwa wird das private Fernsehen von nur mehr zwei Medienkonzernen beherrscht: der RTL Group und ProSiebenSat.1. Kleinere Privatsender haben nur mehr geringe Marktanteile. Und die verbliebenen öffentlich-rechtlichen Sender sind auf der einen Seite häufig damit beschäftigt, sich gegen parteipolitische Einflussnahme durch Regierende zu wehren, müssen aber in Zeiten des Sparzwanges auch auf die Interessen ihrer Werbekunden Rücksicht nehmen. Und das sind, erraten, zum Großteil wieder multinationale Konzerne. Adidas, Coca-Cola, Nestlé und Co. investieren ihre Werbemillionen eben nicht unbedingt gerne dort, wo im Hauptabendprogramm über ihre menschenverachtende Profitgier berichtet wird.

Ähnlich verhält es sich bei Zeitungen und Zeitschriften: Wer nicht ohnehin selbst im Eigentum eines der großen Medienkonzerne steht, die in erster Linie ökonomische Profitinteressen und keine journalistischen (oder gar ethischen bzw. demokratiepolitischen) Ziele verfolgen, ist wirtschaftlich in immer größerem Ausmaß von den großen InseratenkundInnen abhängig. Für die unter immer prekäreren Verhältnissen arbeitenden JournalistInnen bedeutet das häufig nicht direkte Zensur, sondern in den meisten Fällen, dass für allzu kritische Recherchen schlicht und einfach nicht genügend Zeit und Raum zur Verfügung gestellt wird.

Das Publikum kriegt das durchaus mit. JournalistInnen genießen in der Vertrauensskala der Bevölkerung ähnlich schlechte Werte wie PolitikerInnen. So haben etwa nach einer aktuellen Studie des Meinungsforschungsinstituts Infratest dimap im Auftrag der *Zeit* nur mehr vier von zehn Deutschen »sehr großes« oder »großes« Vertrauen in die Politik-Berichterstattung der Medien – Tendenz sinkend. Die Mehrheit der Befragten hat geantwortet, dass sie der politischen Berichterstattung »wenig« (53 Prozent) bis »gar nicht« (sieben Prozent) vertraut. Ein Viertel gab an, dass das Vertrauen in den vergangenen Jahren gesunken sei. Medien würden bewusst Fehlinformationen verbreiten und manipulieren (27 Prozent), zwanzig Prozent finden die Berichterstattung einseitig, und fünfzehn Prozent erkennen handwerkliche Fehlleistungen wie schlechte Recherche. Auch gibt es Zweifel, was die Unabhängigkeit der Medien angeht, so die Studie.[45]

Immer mehr – vor allem junge – Menschen informieren sich mittlerweile über Internetportale und soziale Medien. Doch auch hier dominieren die Profitinteressen großer Konzerne: Wer den wirtschaftlichen Zielen von Marktmonopolisten wie Google und Facebook entspricht, hat gute Chancen, bei Suchanfragen oder in der Timeline schneller gefunden zu werden.

Empört euch!

»Mischt euch ein, empört euch!«, appellierte der im Jahr 2013 verstorbene französische ehemalige Widerstandskämpfer gegen das Naziregime Stéphane Hessel an die Zivilgesellschaft angesichts einer Diktatur der Finanzmärkte, die heute

Frieden und Demokratie gefährde: »Ich wünsche allen, jedem Einzelnen von euch einen Grund zur Empörung. Das ist kostbar. Wenn man sich über etwas empört, wie mich der Naziwahn empört hat, wird man aktiv, stark und engagiert. Man verbindet sich mit dem Strom der Geschichte, und der große Strom der Geschichte nimmt seinen Lauf dank dem Engagement der Vielen – zu mehr Gerechtigkeit und Freiheit, wenn auch nicht zur schrankenlosen Freiheit des Fuchses im Hühnerstall.«

Für Hessel galt die Allgemeine Erklärung der Menschenrechte[46] der Vereinten Nationen von 1948, an deren Text er selbst mitgearbeitet hatte, als das Maß der Dinge, für das es sich zu kämpfen lohnt: »Wann immer sie jemandem vorenthalten werden, und ihr merkt es: Nehmt Anteil, helft ihm, in den Schutz dieser Rechte zu gelangen.«[47]

Das Problem der Menschenrechtserklärung ist leider, dass sie so gut wie keine völkerrechtliche Verbindlichkeit hat. Eine Verletzung der universellen Menschenrechte kann also nicht so einfach eingeklagt werden. Was also tun? »Es genügt nicht, sich aufzuregen, wie ungerecht die Welt ist«, forderte Hessel. »Ungerechtigkeit ist sehr konkret. Sie lauert an meiner Tür, hier und jetzt. (…) Was wird da von mir gebraucht? Zur Stelle sein mit Worten und Taten, mit Herz und Verstand. (…) Macht euch klar, was euch stört und empört, und dann versucht herauszufinden, was ihr konkret dagegen unternehmen könnt.« Hessel rief zum Widerstand jedes und jeder Einzelnen gegen das herrschende System auf: »Sich zur Wehr zu setzen, sich aufzulehnen darf natürlich nicht beim Nachdenken oder Benennen aufhören, sondern muss in Aktion münden.«[48]

Widerstand und ziviler Ungehorsam

Widerstand heißt: selbst gegen Ungerechtigkeiten auftreten, anstatt den herrschenden Eliten zu gehorchen. Also in letzter Konsequenz zivilen Ungehorsam zu üben. Nach der Philosophin Hannah Arendt entsteht ziviler Ungehorsam, »wenn eine bedeutende Anzahl von Staatsbürgern zu der Überzeugung gelangt ist, dass entweder die herkömmlichen Wege der Veränderung nicht mehr offen stehen bzw. auf Beschwerden nicht gehört und eingegangen wird«.[49] Was das konkret heißt und wie jeder und jede von uns das umsetzen kann, damit wird sich das folgende Kapitel beschäftigen.

Das Ziel muss etwas sein, das viele politische TheoretikerInnen und soziale Bewegungen heute als »Gutes Leben für alle« definieren – also eine auf Respekt und Mitgefühl gründende Lebensweise und Gesellschaftsordnung, die individuelle Freiheit, soziale Sicherheit und ökologische Nachhaltigkeit mit einschließt und sich selbst und anderen abverlangt.

Widerstand und ziviler Ungehorsam im Sinne des Gemeinwohls und eines guten Lebens für alle bedeuten allerdings auch, ein hohes Ausmaß an sozialer Kompetenz zu entwickeln, die eigenen Ziele und Methoden immer wieder zu hinterfragen und hinterfragen zu lassen, Rücksicht aufeinander und vor allem auf Schwächere zu nehmen, angemessen und verantwortungsvoll zu agieren.

Und es heißt, dass wir zwischen gemeinwohlorientierten Initiativen und Bewegungen und jenen unterscheiden müssen, die erst wieder nur egoistische, partikulare oder Profitinteressen verfolgen, auch wenn sie dies unter dem Deckmantel des Widerstands gegen »die da oben«, gegen vermeintliche oder tatsächliche Eliten oder gar gegen Min-

derheiten, Schwächere oder Gruppen tun, deren Anders-
artigkeit oder Herkunft sie als nicht gleichwertig oder bedrohlich empfinden.

WutbürgerInnen: Not in my backyard!

So hat sich etwa in den letzten Jahren der Begriff des »Wut-
bürgers« etabliert. Der Duden bezeichnet damit »aus Ent-
täuschung über bestimmte politische Entscheidungen sehr
heftig öffentlich protestierende und demonstrierende Bürger«.

Als etwa 2011 der österreichische Kabarettist Roland
Düringer im Fernsehen seine berühmt gewordene »Wut-
bürgerrede« hielt, stießen seine Worte auf hunderttausend-
fachen Widerhall:

Wir sind keine Radikalen, wir sind keine Anarchisten, wir
sind keine Linken und natürlich auch keine Rechten. Wir
sind keine wirklich Armen, und wir sind keine wirklich
Reichen, wir sind die sogenannte Mittelschicht. Wir sind
all jene, die durch ihre Arbeit und ihren Konsumwahn das
System sehr lange am Leben erhalten haben und dabei
aber gar nicht so glücklich sind. Wir sind alle jene System-
trottel, die es schön langsam satthaben, im Hamsterrad zu
laufen und all jenen, die vom System fest profitieren, den
Deppen zu machen. Wir sind wütend, weil wir angelo-
gen werden, und das ständig! Wir sind wütend, weil diese
Politmarionetten offenbar ihre Aufgabe vergessen haben.
Nämlich uns, der Gemeinschaft zu dienen. Und nicht mit
Banken und Konzernen über das Volk zu herrschen. Wir
sind mehr, als ihr glaubt. Und wir sind die, die nicht mehr

unsere Stimmen in Urnen werfen werden, wir werden sie behalten, damit wir schreien können: Wir sind wütend!

Solche Wut kann sehr konstruktiv sein, wenn sie die Lust auf solidarischen Widerstand weckt: Die Wut auf die herrschenden Eliten und auf käufliche Politiker*Innen, ja auch der Vertrauensverlust in Parteien und die demokratischen Institutionen ist legitim. Wenn wir allerdings das Vertrauen in die politische und demokratische Gestaltbarkeit unserer Gesellschaft verlieren und uns stattdessen von blindem Zorn treiben lassen, wenn wir Demokratie nicht mehr als einen zivilisierten Aushandlungsprozess unterschiedlicher Interessen verstehen und anwenden, dann steuern wir auf einen gefährlichen Zustand hin, in dem es nur noch um die Durchsetzung von Einzel- oder Gruppeninteressen geht und letztendlich das Recht des oder der Stärkeren.

Viele sogenannte Wutbürger*Innen entstammen bürgerlichen Mittelstandsmilieus, die von sozialen Abstiegsängsten geprägt sind, dabei aber mit jenen in Konkurrenz treten, denen es noch schlechter geht – etwa Arbeitslosen, Migrant*Innen oder Asylsuchenden. Anstatt sich mit all jenen zu solidarisieren, die nicht vom herrschenden System profitieren, werden Verfolgten, Schwächeren und Unterprivilegierten negative Eigenschaften zugeschrieben – wie etwa Neigung zu Kriminalität, Faulheit oder kulturelle Defizite. Statt Korruption, Misswirtschaft und Ausbeutung dort zu identifizieren, wo sie wirklich im großen Stil stattfinden – bei den Profiteuren des kapitalistischen Wirtschaftssystems und des konzerngesteuerten Freihandels, letztendlich also auch den Multimillionären und Milliardären und ihren politischen Bütteln –, werden sozialstaatliche Leistungen und humanitäre Hilfe in Frage gestellt, Neid und Hass geschürt. Oft mit tatkräftiger Unterstützung durch Boulevardmedien, deren EigentümerInnen zur Elite der Superreichen gehören und die einen großen, oftmals fast erpresserischen Einfluss auf Regierungen ausüben. Genau diese Spaltung und Entsolidarisierung macht es den Profiteuren leicht, nach dem machiavellistischen Prinzip »Teile und herrsche« ihre Privilegien aufrechtzuerhalten.

Eine Extremform dieser Entwicklung sind rassistische, nationalistische und konservative »Bewegungen« wie Pegida, die sich gegen Zuwanderinnen und Zuwanderer, Asylsuchende, MuslimInnen und andere Minderheiten richten. Aber auch Bürgerinitiativen, die lediglich ihre eigenen Interessen vertreten und dabei das Gemeinwohl außer Acht lassen, sind ein Ausdruck dieser Entsolidarisierung: Nach dem Motto »Not in my backyard!« (»Nicht in meinem Hinterhof!«) formieren sie sich etwa gegen notwendige Wohnbauprojekte in wachsenden Städten, gegen soziale Einrichtungen, Flüchtlingsheime, alternative Kultur- oder Lebensformen oder etwa gegen Zentren kultureller und religiöser Minderheiten.

All das hat natürlich mit einem »guten Leben für alle« nichts zu tun. Und es negiert die Tatsache, dass das Zusammentreffen unterschiedlichster Menschen, Kulturen und Lebensformen in einer globalisierten Welt unausweichlich ist, wir also darauf angewiesen sind, ein respektvolles Zusammenleben unter Achtung von Verschiedenartigkeit aktiv zu gestalten.

Metropolen als Zentren gesellschaftlicher Transformation

Im Jahr 2050 werden ungefähr neun Milliarden Menschen diesen Planeten bewohnen (ab dann prognostizieren DemografInnen eine Stabilisierung oder sogar einen Rückgang der Weltbevölkerungszahl). Zwei Drittel von ihnen werden in Städten wohnen. Das ist ökologisch, sozial und wirtschaftlich gesehen sogar wünschenswert, weil es die Möglichkeit für energieeffizientes Wohnen, befriedigende Arbeitsverhältnisse, klimaschonende Mobilität und einen hohen Grad an sozialer und kultureller Infrastruktur und Vielfalt bietet, wie der britisch-kanadische Autor Doug Saunders in seinem zukunftsweisenden Buch »Arrival City« feststellt.[50]

Große Städte sind bereits heute die Motoren gesellschaftlicher und demokratischer Transformationsprozesse: Sie haben große soziale, ökologische, wirtschaftliche und kulturelle Herausforderungen zu bewältigen – etwa die Sicherstellung von leistbarem Wohnraum, ein funktionierendes öffentliches Verkehrsnetz oder den Umgang mit kulturellen und sozialen Konflikten. Hier treffen Innovation, Kunst, Wissenschaft, unterschiedliche Ideologien, Lebensformen, Sprachen und Milieus aufeinander, treten miteinander in Konflikt oder befruchten sich gegenseitig. Und hier entstehen auch die meisten Protestbewegungen gegen autoritäre oder ausbeuterische Verhältnisse.

In vielen Städten der Welt – etwa mit den Gezi-Protesten in Istanbul 2013, jenen in Athen und anderen griechischen Großstädten ab 2010, den Protesten gegen die Fußball-Weltmeisterschaft in Rio de Janeiro und São Paulo 2013, der »Bewegung 15. Mai« in Madrid und Barcelona 2011, Occupy Wall Street in New York 2011 – haben solche Bewegungen landesweit oder sogar international großen Widerhall gefunden – und zum Teil sogar Veränderungsprozesse in den politischen Machtverhältnissen in die Wege geleitet. So wäre etwa das überraschende Wahlergebnis der türkischen Demokratiepartei ohne die BürgerInnenbewegung im Istanbuler Gezi-Park kaum möglich gewesen, analysiert etwa die Tageszeitung *Die Welt*: »Die mit den Gezi-Protesten gewonnene kollektive Erfahrung lautete: Gegen die Diktatur, auf die die Türkei unter der Herrschaft der AKP steuert, können wir nur kämpfen, wenn wir zusammen stehen. Wenn wir zusammen im Tränengasnebel stehen können, dann können wir in diesem Land auch zusammen leben.«[51]

Auch Syriza in Griechenland hat seinen Erdrutschsieg bei den Wahlen 2015 dem jahrelangen von unterschiedlichsten Bürgerbewegungen getragenen Widerstand gegen die korrupte Vorgängerregierung zu verdanken – und wird jetzt von den neoliberalen Regierungen Europas aufs heftigste bekämpft. Und in Barcelona und Madrid regieren seit Juni 2015 zwei Bürgermeisterinnen, die von keiner Partei entsandt wurden, sondern von den aus den Protesten hervorgegangenen Sozialen und Bürgerbewegungen, die sich zu einer Wahlplattform zusammengefunden haben (mehr dazu im letzten Kapitel).

Wir sollten die politische Gestaltung unserer Welt und unserer Gesellschaft also nicht mehr den Herrschenden und ihren Parteien überlassen, sondern gemeinsam selbst in die Hand nehmen. Wie sich jeder und jede daran beteiligen kann und wie wir den Kampf für ein »Gutes Leben für alle« auch erfolgreich führen können, damit beschäftigt sich das nächste Kapitel.

»Unsere Freiheiten wurden uns nicht von irgendeiner Regierung gewährt«, sagt die indische Schriftstellerin und Menschenrechtsaktivistin Arundhati Roy. »Wir haben sie ihnen abgerungen. Und sind sie einmal preisgegeben, wird der Kampf um ihre Rückgewinnung zur Revolution. Dieser Kampf muss in allen Kontinenten und Ländern geführt werden. Kein Ziel ist zu klein, kein Sieg zu unbedeutend.«

Zuerst ignorieren sie dich, dann lachen sie über dich,
dann bekämpfen sie dich, und dann gewinnst du.
Mahatma Gandhi

Was tun?

Was tun, wenn wählen nicht mehr reicht, wenn Politik und Parteien versagen und Privilegierte ihre Macht missbrauchen, um diese zu verteidigen und sich auf Kosten von Umwelt, Demokratie und Menschenrechten zu bereichern? Dagegen hilft nur Selbstermächtigung, Information, solidarisches Handeln und aktiver Widerstand. Manchmal auch der gegen bestehende Unrechtsgesetze.

Wenn wir die Nachrichten verfolgen, wenn wir Leid und Elend in der Welt und zunehmend auch vor der eigenen Haustür beobachten, dann kann uns leicht ein Gefühl der Machtlosigkeit beschleichen: Wie sollen Einzelne oder wenige von uns angesichts der Übermacht ausbeuterischer Wirtschaftsinteressen und untätiger oder korrupter Regierungen die Zerstörung unseres Planeten, des gesellschaftlichen Zusammenhalts und der Demokratie aufhalten oder gar solidarische Alternativen aufbauen?

Zunächst einmal: Keine Panik! Es waren fast immer in der Geschichte Einzelne oder wenige, die zumindest den Anstoß für gesellschaftliche und politische Verbesserungen gegeben haben. Es waren zunächst fast immer Minderheiten, die für Demokratie und gleiche Rechte, gegen Faschismus, Unterdrückung und Zerstörung eintraten. Mutige Menschen, die Missstände und Ungerechtigkeiten erkannten, anprangerten und bekämpften, indem sie sich organisierten und Widerstand leisteten. Und viele von ihnen waren, historisch betrachtet, höchst erfolgreich: Wir genießen heute in vielen Ländern soziale, demokratische und ökologische Standards, die andere vor uns erkämpften. Die meisten von uns leben lieber im 21. Jahrhundert als vor 75, 100 oder 500 Jahren.

Natürlich gibt es auch Rückschläge – etwa durch die Vorherrschaft des Neoliberalismus oder autoritäre und nationalistische Tendenzen in den letzten Jahren. Aber Geschichte verläuft in Wellenbewegungen, und es liegt an uns selbst, an jedem und jeder Einzelnen von uns, zu einem Aufwärtstrend beizutragen, also die Welt zumindest ein kleines Stück besser zu machen.

Wie das geht, dafür gibt es kein allgemeingültiges Rezept: Jeder und jede von uns hat unterschiedliche Voraussetzungen und Möglichkeiten, das persönliche Umfeld zu gestalten oder für die gesamte Gesellschaft politisch wirksam zu werden.

Die wichtigste Voraussetzung dafür ist, eine persönliche Entscheidung zu treffen: Will ich aktiver Teil eines solidarischen, respektvollen Miteinander sein? Oder reicht es mir, lediglich auf meinen persönlichen Vorteil zu achten, auch wenn der zulasten anderer, der Gemeinschaft oder der Umwelt geht?

Diese Fragen sollten wir uns stellen. Bevor ich also in diesem Kapitel ein paar konkrete Handlungsmöglichkeiten zeige, sollten wir uns ein bisschen mit uns selbst und unseren eigenen Motiven beschäftigen. Politisches Engagement bedeutet immer auch, in Beziehung zu anderen zu treten, und um diese Beziehungen erfolgreich zu gestalten, ist es sinnvoll, die eigenen Bedürfnisse zu klären.

Selbstermächtigung

Die Erfüllung menschlicher Grundbedürfnisse ist kein Gnadenakt, sondern ein Grundrecht. Dieses Grundrecht für sich und andere in Anspruch zu nehmen ist die Basis politischen Handelns.

Jeder Mensch hat materielle Bedürfnisse wie das nach guter Ernährung, guten Wohnverhältnissen, Mobilität, Gesundheitsversorgung und so weiter, aber auch das Bedürfnis nach Anerkennung, Liebe, Respekt, Freiheit, Selbstbestimmung, Sicherheit, Gerechtigkeit und Gemeinschaft. »Kern aller menschlichen Motivation ist es, zwischenmenschliche Anerkennung, Wertschätzung, Zuwendung oder Zuneigung zu finden und zu geben«, widerlegt etwa der Neurobiologe Joachim Bauer die These der Neoliberalen, dass nur materielle Belohnungssysteme zu gesellschaftlichen Leistungen motivieren.[1] Dennoch fördern konservative Erziehungsmodelle, Lehrpläne in Schulen, Belohnungssysteme in der Arbeitswelt, die meisten Medien, die Werbeindustrie und der politische Mainstream im Kapitalismus in erster Linie egoistische Verhaltensmuster: besser, reicher, mächtiger werden als andere, nötigenfalls auch auf Kosten anderer. Je unmittelbarer wir unsere Grundbedürfnisse in ihrer Gesamtheit wahrnehmen, desto freier, selbstbewusster und unabhängiger werden wir von gesellschaftlichen Erwartungshaltungen, von Konkurrenzdruck, Konsumzwang und autoritären Machtverhältnissen. Und desto leichter fällt es uns, auch die Bedürfnisse anderer wahrzunehmen und für sie einzutreten.[2]

Jeder Mensch trägt in sich sowohl die Anlage zu egoistischem als auch zu empathischem und solidarischem Verhalten. Man kann das bei Kindern beobachten: Sie sind fähig zu großzügigem Teilen und Mitgefühl, aber auch dazu, alles nur für sich behalten und sich rücksichtslos durchsetzen zu wollen. Beide Anlagen begleiten uns ein Leben lang. Die Frage ist nur: Welcher dieser Anteile wird durch Erziehung und das soziale Umfeld belohnt? Menschen, die erfahren haben, dass soziales Verhalten eher dazu führt, sich frei, sicher und wertgeschätzt zu fühlen, werden dieses öfter an den Tag legen als jene, die von Kindheit an lernen mussten, sich mit Aggressivität und Ellbogenmentalität durchzusetzen.

Der amerikanische Linguist George Lakoff und die deutsche Soziologin Elisabeth Wehling haben in ihrem Buch »Auf leisen Sohlen ins Gehirn« die Auswirkungen politischer Kommunikation auf unsere Psyche und unser Sozialverhalten untersucht.[3] Sie zitieren dort eine These, derzufolge WählerInnen konservativer bzw. rechter Parteien zu grundsätzlich anderen Verhaltensmustern neigen als jene progressiver bzw. linker Parteien: Konservativ wählende Menschen würden die Frage »Wenn dein Baby nachts schreit, nimmst du es hoch?« tendenziell mit Härte und Strenge beantworten und das Baby schreien lassen, damit es lernt, sich später einmal in einer feindlichen Welt durchzusetzen. Progressiv wählende Eltern hingegen würden das Baby aufnehmen und ihm Schutz und Geborgenheit bieten.

Auch die Konservativen wollen das Beste für ihr Kind, haben aber meist selbst die Erfahrung gemacht, sich nur mit Härte und Strenge durchsetzen zu können. Sie akzeptieren Politikmodelle, die staatliche Hilfe und Sozialleistungen, die Umverteilung von Ressourcen von den Wohlhabenden zu sozial Benachteiligten ablehnen, weil sich ja jeder und jede um sein oder ihr eigenes Wohl kümmern und gegen andere durchsetzen könne. Deshalb wählen auch weniger privilegierte Gruppen – zu ihrem eigenen Schaden – häufig rechte und konservative Parteien, die das Recht der Stärkeren propagieren: weil sie keine ausreichend positiven Erfahrungen damit gemacht haben, durch Solidarität und Empathie in der eigenen Identität wahrgenommen zu werden und die eigenen Lebensperspektiven zu verbessern. Und gesellschaftliche Veränderung als potenzielle Bedrohung wahrnehmen.

Die Progressiven hingegen haben gelernt, dass Schutz und Geborgenheit ihnen und anderen zu einem besseren Leben verhelfen, dass Großzügigkeit und Respekt die eigene Lebensqualität und Beziehungen verbessern und dass eine Veränderung der persönlichen Lebensumstände nicht unbedingt eine Bedrohung darstellt, weil sie diese selbst mitgestalten können. Sie sind daher bereit, einem Gesellschaftsmodell zuzustimmen, in dem man sich um andere und Schwächere oder auch die Umwelt kümmert, auch wenn das bedeutet, auf individuelle Vorteile zu verzichten.

Aus dem Wissen um die Handlungsmotive konservativer und progressiver Gruppen lernen wir, wie wichtig Selbstermächtigung und Selbstbewusstsein für unser politisches Handeln und unsere politische Kommunikation sind: Konservative und ausgrenzende Politik nährt sich aus Angst und aus der Akzeptanz von Unterdrückungsmechanismen. Wer als schreiendes Baby keine Geborgenheit erfahren hat, wer stetig im Konkurrenzkampf bestehen muss und sich vor Abstieg und Missachtung fürchtet, ordnet sich leichter in bestehende Hierarchien ein und wird empfänglicher für Bedrohungsszenarien – und damit für eine Politik, die Angst vor fremden Kulturen und Religionen oder vor dem Verlust sozialer Sicherheit und Identität macht.

Wenn wir Empathie und Solidarität erzeugen wollen, sollten wir also eher Hoffnung auf positive Veränderungen und beispielhafte Erfolge vermitteln, als mit Drohungen vor Umweltkatastrophen, Krieg und Zerstörung Verunsicherung und das Gefühl der eigenen Machtlosigkeit zu nähren.

In der Sprache politischer Kommunikation spricht man hier von *Framing*: »Frames« sind der emotionale, häufig unterbewusste Rahmen, innerhalb dessen wir gesellschaftliche Wertvorstellungen vermitteln. Wer – auch mit dem Ziel solidarischer und linker Politik – Angst erzeugt, bedient unterbewusst den Frame der Rechten. Das haben zum Beispiel die WahlkampfstrategInnen von US-Präsident Barack Obama erkannt, als sie sich mit Claims wie »Yes we can« und »Hope« gegen die konservativen Republikaner durchsetzten. Bei aller Kritik an der Politik der Demokraten unter Obama: Wir lernen daraus, wie wichtig emotionale Appelle an Zuversicht und Selbstermächtigung anstelle von Angstmache für die eigene politische Praxis und Kommunikation sind.

Selbstermächtigung bedeutet zuallererst, die eigenen Bedürfnisse und Sehnsüchte zu kennen und als legitim zu erachten. Um im nächsten Schritt mit den Bedürfnissen anderer in Beziehung treten und diese als gleichwertig betrachten zu können. Das bedeutet, jedem Menschen das Recht auf Verwirklichung der eigenen Grundbedürfnisse zuzugestehen, aber auch individuelle Bedürfnisse zugunsten anderer einzuschränken. Die gleichberechtigte Aushandlung und nötigenfalls auch der Konflikt, wer dies in welchem Ausmaß tun soll, wäre echte Demokratie, egal ob im Freundeskreis, in der Familie, am Arbeitsplatz oder in einem staatlichen Gebilde.

Kooperation statt Konkurrenz

Die kapitalistische Marktwirtschaft beruht auf Konkurrenz und Wettbewerb. Dies würde, so das Versprechen der Neoliberalen, zu höheren Leistungen ansporen, aus denen dann alle ihren Vorteil ziehen können. Im globalen Wirtschaftsleben ist es aber so, dass fast immer dieselben gewinnen: Wer wohlhabend geboren ist, wird sich dank besseren Zugangs zu Kapital, Bildung, Netzwerken und so weiter leichter gegen Schwächere durchsetzen. Den »freien Markt«, von dem die Neoliberalen sprechen, gibt es nicht, weil nicht alle gleich frei sind. In der Weltwirtschaft spielen die Reichen wie auf einem schiefen Fußballfeld von oben nach unten, und sie haben noch dazu die Spielregeln allein festgelegt.

Außerdem ist vielfach bewiesen, dass kooperatives und solidarisches Verhalten langfristig für fast alle Beteiligten auch ökonomisch erfolgreicher ist als Konkurrenz und Ellbogenmentalität, die immer VerliererInnen erzeugen. Auf der Gewinnerseite stehen lediglich gesellschaftliche Eliten. Der Publizist und Aktivist Christian Felber entlarvt in seinem Buch »Kooperation statt Konkurrenz«[4] die Mythen, mit denen es diesen Eliten gelungen ist, Konkurrenzverhalten salonfähig und erstrebenswert zu machen. Etwa den Mythos, dass der Mensch von Natur aus zu Konkurrenz neige: Wie bereits erwähnt, sind wir sowohl zu solidarischem und empathischem Verhalten als auch zu rücksichtslosem Egoismus fähig. »Das Muster, nach dem wir unsere Ziele verfolgen, ist kulturell erlernt und somit eine freie Willensentscheidung«, so Felber.

Oder den Mythos, dass Konkurrenz zu höherer Leistung anspore. Im Gegenteil: »Kooperation motiviert mit positiven emotionalen Erfahrungen: Wertschätzung, Vertrauensbildung, gemeinsame Zielerreichung (…). Konkurrenz motiviert hingegen mit Angst, Druck und Stress. Deshalb geht es vielen Menschen in Konkurrenzsituationen schlecht.« In wettbewerbsorientierten Kulturen kennt jeder das Gefühl der Scham und des Selbstzweifels. Wer menschliche Schwächen und Bedürfnisse, ja sogar, wer Mitgefühl mit Schwächeren zeigt, wird schnell als »Looser« oder »Opfer« herabgewürdigt.

Wenn wir das System der skrupellosen Profitmaximierung auf Kosten anderer bekämpfen wollen, sollten wir also grundsätzlich über ein Wirtschaftssystem nachdenken, das auf Kooperation und Solidarität beruht (mehr dazu später). Wir können uns dieses Prinzip aber auch im eigenen Umfeld – im Umgang mit FreundInnen und Fremden, in der Schule, am Arbeitsplatz und so weiter aneignen und täglich Solidarität, Mitgefühl, Großzügigkeit, Respekt und Wertschätzung leben.

Das bedeutet auch: Respekt vor dem Anderssein anderer und der Vielfalt aller Lebewesen entwickeln. Unsere Regierungen und Konzerne hätten am liebsten gleichförmige Untertanen und KonsumentInnen, die sie mit denselben Lügen verführen und denen sie normierte Produkte andrehen können. Je unterschiedlicher wir agieren und je mehr wir uns in unserer Unterschiedlichkeit akzeptieren, desto schwerer machen wir es ihnen, uns zu beherrschen.

Raus aus der Komfortzone: Zivilcourage zeigen

Sich über die Verhältnisse zu empören ist leicht. Um aktiv und wirksam zu werden, ist es aber notwendig, etwas zu tun, was nicht alle tun: Sich gesellschaftlichen Herrschaftsverhältnissen oder dem kommerziellen Mainstream entgegen-zusetzen heißt auch, sich zu exponieren und Zivilcourage zu zeigen. Es heißt auch, nötigenfalls persönliche Nachteile – zumindest den des Bruchs mit der eigenen Bequemlichkeit – in Kauf zu nehmen.

Wie weit er oder sie geht, muss jeder und jede für sich selbst entscheiden. Aber schon wenn wir beschließen, ab sofort nicht mehr wegzusehen, wenn in unserem unmittelbaren Umfeld, in der Schule, am Arbeitsplatz oder im öffentlichen Raum, Diskriminierung oder Übergriffe passieren, haben wir die Welt ein bisschen besser gemacht – indem wir unsere Stimme erheben, selbst zur Hilfe schreiten oder andere um Hilfe bitten. Dabei gilt es unbedingt, die eigenen Möglichkeiten und Grenzen richtig einzuschätzen: Niemandem ist geholfen, wenn ich mich allein und schutzlos einem übermächtigen Gegner ausliefere. Dafür braucht es entsprechende Vorbereitung und Unterstützung: Bevor man ins Wasser springt, sollte man schwimmen lernen, am besten mit jemandem, der oder die es schon kann.

Sich und andere informieren

Wann immer in der Geschichte Menschen etwas zum Besseren bewegt haben, standen am Beginn die Information und Kommunikation von Missständen und möglichen Lösungswegen. Oft waren es Bücher oder Traktate, die den Grundstein für gewaltige soziale Bewegungen oder gar Revolutionen legten – denken wir etwa an »Das Kapital« von Karl Marx oder »Das kommunistische Manifest« von Marx und Engels. Eine der ersten internationalen Menschenrechtskampagnen gegen koloniale Sklaverei im 19. Jahrhundert wurde gegründet, nachdem der polnische Schriftsteller Joseph Conrad die europäische Öffentlichkeit mit seinem Roman »Herz der Finsternis« über die grausamen Verbrechen der belgischen Kolonialherren im Kongo informiert hatte.

Bereits früh erkannte etwa der marxistische Philosoph Antonio Gramsci die Bedeutung der Zivilgesellschaft abseits staatlicher Institutionen dafür, dass bestimmte Werthaltungen gesellschaftliche Hegemonie erlangen – also das, was wir heute als politischen Mainstream bezeichnen würden. So haben soziale Bewegungen wesentlich dazu beigetragen, dass gewisse soziale, ökologische und demokratische Rechte heutzutage unbestritten sind. Gleichzeitig haben aber auch die VerfechterInnen neoliberaler Profitmaximierung Hegemonialstatus erlangt: Wer den sogenannten »freien Markt« und damit das Recht in Frage stellt, sich auf Kosten anderer zu bereichern, bewegt sich bereits abseits des Mainstreams.

Hegemonie ist auch eine Folge der erfolgreichen Verbreitung von Informationen, Haltungen und Erzählungen. So gelang es etwa den Grünen auch ohne Regierungsmehrheit, Anliegen des Umweltschutzes politisch durchzusetzen. Gleichzeitig haben rechtsextreme Parteien ebenfalls aus der Opposition heraus die Hegemonie des öffentlichen Diskurses über Asyl und Migration erlangt. »Solange die Dominanz der wirtschaftsliberalen Doktrin besteht, werden auch Wahlsiege linker Parteien nicht viel ändern – weil sie sich dann auf die eine oder andere Weise unterwerfen müssen, im schlimmsten Fall selbst angesteckt werden vom dominanten, also hegemonialen Denken«, erinnert der Publizist Robert Misik an Gramscis Lehren: Die Frage, wie und aus welchem Blickwinkel gesellschaftliche Verhältnisse beschrieben und interpretiert werden, ist bereits per se ein politischer Akt.[5]

Information bildet die Grundlage der Mobilisierung für gesellschaftliche Veränderung. Allerdings ist sie auch eine der stärksten Waffen der Mächtigen, die über breitenwirksame Informations- und Kommunikationskanäle verfügen und diese zur Manipulation der Massen missbrauchen. Eine milliardenschwere Werbeindustrie, hochbezahlte PR-Agenturen und die Tatsache, dass die meisten Medien und Verlage heute in der Hand einiger weniger Großkonzerne sind, sorgen für eine fast monopolartige Gleichschaltung der öffentlichen Meinung und dafür, dass marktwirtschaftliches Konkurrenzdenken, globale soziale Ungleichheit, staatliche Repression, Ausgrenzung und Überwachung, grenzenloses Konsumverhalten und Profitgier und das Lächerlichmachen gesellschaftlicher Utopien von Freiheit, Gleichberechtigung, Solidarität und Rücksichtnahme weithin unhinterfragt akzeptiert werden. Wer einmal das Kinderprogramm privater Fernsehkanäle gesehen hat, wundert sich nicht mehr darüber, wenn hier kleine Monster herangezogen werden, die ihren eigenen und den Bedürfnissen anderer Menschen mit Aggressivität und Missachtung begegnen und damit zu leicht beeinflussbaren Opfern autoritärer Macht- und Profitinteressen, von Verhetzung und Konsumterror werden.

Information ist selbst zum kapitalistischen Handelsgut geworden: Technologische Errungenschaften wie der Buchdruck oder das Internet sind einerseits die Grundlage gesellschaftlicher Aufklärung. Die Privatisierung und Monopolisierung dieser Informationskanäle bewirkt aber gleichzeitig, dass ökonomische und politische Eliten die Kontrolle über einen Großteil dieser Kanäle erlangt haben und mit der Steuerung unserer Aufmerksamkeit Profite machen. In der Aufmerksamkeitsökonomie gilt Information nicht mehr als Instrument der Aufklärung und Bildung, sondern als knappe, marktwirtschaftlich nutzbare und umkämpfte Ressource, begehrtes Einkommen und Kapital.

Dennoch sind die technologischen Möglichkeiten der Informationsverbreitung auch von uns, »von unten«, also auch ohne den Einsatz großer Kapitalinvestitionen nutzbar und tragen damit ein enormes demokratisierendes Potenzial in sich. Wer eine gute Idee, eine interessante Mitteilung, einen sauber recherchierten Sachverhalt verbreiten möchte und dafür die richtigen Kommunikationsmittel wählt, mit stimmigen Bildern oder kreativen Aktionen emotionale Resonanz erzeugt, braucht heutzutage keinen Verlag und keine teuren Werbeinserate, ja nicht einmal unbedingt das Geld, um Papier zu bedrucken, um Informationen, Meinungen oder Botschaften breit zu streuen. Es genügen ein paar technische und kommunikative Fertigkeiten, das Wissen um den Umgang mit Sprache und Bildern, der Zugang zu einem Computer und zu sozialen Netzwerken. Eine knappe, intelligente Botschaft oder ein Bild, zum richtigen Zeitpunkt am richtigen Ort platziert, hat sich schon oft millionenfach übers Internet, über private Weblogs oder über kommerzielle Kanäle wie Facebook, Twitter oder YouTube verbreitet und damit reale, auch politisch wirksame Reaktionen und Aktivitäten vieler Menschen provoziert.

So haben etwa im Sommer 2015 als Folge der massiven Fluchtbewegungen vor allem aufgrund des Krieges in Syrien nach Österreich und Deutschland die Aufrufe einzelner Personen auf Facebook und Twitter in beiden Ländern dazu geführt, dass Tausende Menschen auf Bahnhöfen und in Flüchtlingslagern spontan Hilfe leisteten, wo staatliche Organe und Behörden versagten. Zehntausende fanden sich innerhalb weniger Tage zu machtvollen Demonstrationen gegen die inhumane Asylpolitik zusammen, nachdem zunächst eine Handvoll Privatpersonen nicht viel mehr getan haben, als einen Facebook-Event zu erstellen und zur Teilnahme aufzurufen, und dieser dann tausendfach geteilt wurde. Erst dann begann die professionelle Vorbereitung, die behördliche Anmeldung von Demonstrationen, das Kontaktieren von Organisationen, die Bühnen, technisches Equipment und finanzielle Mittel bereitstellten, die Suche nach prominenten UnterstützerInnen und RednerInnen sowie die mediale Öffentlichkeitsarbeit. Auch hier wieder ein Erfolgsfaktor: Kooperation statt Konkurrenz. Und: das Erkennen und schnelle Reagieren auf öffentliche Stimmungen.

Im konkreten Anlassfall war das die Tatsache, dass die Missstände im politischen Umgang mit dem Asylthema wochenlang die Medien beherrschten, zivilgesellschaftlich engagierte Einzelpersonen und große NGOs die Bilder des Flüchtlingselends verbreiteten. Dieses wurde spätestens dann unübersehbar, als die Leichen von 71 Schutzsuchenden in einem versiegelten Lastwagen auf dem Weg von Ungarn nach Österreich aufgefunden wurden. Diese Katastrophe und das Foto eines ans Ufer des Mittelmeers angeschwemmten toten Kindes brachten die öffentliche und mediale Stimmung, die bis dahin von Fremdenangst und Abschottungspolitik dominiert war, zumindest kurzfristig zum Kippen: Das Leiden und Sterben von Flüchtlingen wurde unübersehbar, weil es direkt vor unserer Haustür, mitten im reichen Europa stattfand, und es gelang zumindest vorübergehend, breitenwirksame Empathie, Solidarität und Hilfsbereitschaft zu erzeugen. Wie? Mit gezielter Information und indem einzelne AktivistInnen ihre Netzwerke und Kontakte zur Mobilisierung für konkrete Aktionen nutzten. So führten etwa die Bilder des Elends in ungarischen Flüchtlingslagern und Bahnhöfen dazu, dass sich Hunderte Menschen aufmachten, um auf eigene Faust oder in organisierten Fahrzeugkonvois Schutzsuchende über die Grenze zu bringen, obwohl diese Art von Fluchthilfe von rigiden Strafen bedroht war.

Natürlich stand hinter diesen spontanen Aktionen nicht nur das Verbreiten von Bildern und Informationen über Netzwerke wie Facebook und Twitter, sondern auch eine Handvoll mehr oder weniger anonymer AktivistInnen, die über langjährige Erfahrung in der Organisation des zivilen Widerstands verfügten, RechtsanwältInnen konsultierten, professionelle Medienarbeit betrieben, mögliche Fluchtwege abseits der offiziellen Grenzübergänge ausfindig machten und bestehende Netzwerke zu Behörden, NGOs und Politik nutzten. Es war das Zusammenspiel der bisher erwähnten Faktoren, das diese Aktionen erfolgreich machte: Selbstvertrauen, Kooperation, Zivilcourage und die intelligente Nutzung dezentraler Informationskanäle und Netzwerke.

Diese dezentralen Informationskanäle und Netzwerke dienten in den letzten Jahren immer mehr zur erfolgreichen Planung und Mobilisierung für soziale Massenproteste und Demokratiebewegungen – etwa bei Occupy Wall Street, dem arabischen Frühling, den Protesten in Ländern wie Spanien, Griechenland, der Türkei, Bulgarien, Brasilien, England, der Ukraine und so weiter. Wie bedrohlich das von den Mächtigen empfunden wird, zeigen die Versuche autoritärer Regime, die Nutzung sozialer Medien, des Internets und der Mobiltelefonie einzuschränken, zentral zu kontrollieren und zu zensieren.

Umso wichtiger ist daher auch das politische Engagement für Netzfreiheit und gegen Vorratsdatenspeicherung und andere überwachungsstaatliche Repressionsversuche: Ohne Meinungs- und Informationsfreiheit, also ohne die Freiheit, auch vom gesellschaftlichen Mainstream und von

Herrschaftsinteressen abweichende Meinungen äußern und verbreiten zu können, gibt es keine Demokratie. Und dort, wo Regierungen diese Freiheiten einzuschränken versuchen, ist auch die Entwicklung technologischer Fertigkeiten zur Umgehung solcher Repressionsmaßnahmen – etwa durch die Entwicklung und Verbreitung von Verschlüsselungs-programmen oder zur Umgehung von Netzsperren – ein wesentlicher Bestandteil des Kampfes für Demokratie und Informationsfreiheit.

Zum Unterschied von klassischen Massenmedien, die immer auch die kommerziellen Interessen ihrer EigentümerInnen oder politischer Machthaber vertreten und außerdem aufgrund hierarchischer Entscheidungsprozesse oder technischer Produktionsbedingungen relativ langsam auf spontane gesellschaftliche Entwicklungen reagieren, ermöglichen soziale Medien und Mobiltelefonie die rasche, kostengünstige und weitgehend ungefilterte Kommunikation untereinander und damit die spontane Organisation und Koordination von Aktionen und Widerstand, die Diskussion von Strategien und auch die Anonymität von AktivistInnen, die von staatlicher Repression bedroht sind.

Aber wie informieren wir uns selbst angesichts der Tatsache, dass die meisten Massenmedien kommerzielle Profit- oder politische Machtinteressen verfolgen? Zuallererst, indem wir uns diese Interessen bewusst machen und die damit verbundenen Informationen dementsprechend bewerten und einordnen. Sich informieren heißt vor allem: eine neugierige und vorurteilsfreie Haltung einnehmen, also auch eigene, angelernte Glaubenssätze selbstkritisch hinterfragen. Und Behauptungen oder angebliche Fakten (übrigens auch diejenigen in diesem Buch) möglichst kritisch prüfen, indem wir verschiedene Seiten und am besten von der Berichterstattung Betroffene selbst anhören. Also möglichst lieber mit anderen – etwa mit Angehörigen anderer Kulturen, Religionen und sozialer Milieus – als über sie reden. Zuhören, unterschiedliche Quellen konsultieren, reisen, fremde Sprachen lernen. Und Netzwerke von Menschen aufbauen, denen wir vertrauen können und die uns beim Filtern von Informationen helfen. Denn natürlich ist heutzutage niemand imstande, die Fülle an Informationen und Meinungen zu verarbeiten und zu verwerten oder gar selbst nachzurecherchieren. Aber wenn wir mit offenen Augen durchs Leben gehen, sind wir irgendwann imstande, selbst zu merken, welche Informationen, Behauptungen oder Meinungen in welchem Ausmaß richtig oder falsch, relevant oder überflüssig sind und welche Konsequenzen wir daraus für unser eigenes Handeln ziehen.

Und wir sollten uns vor allem dann, wenn wir politisch aktiv sein wollen, auch bewusst machen, dass Privatsphäre oder Vertraulichkeit vor allem im Internet de facto nicht mehr existieren, weil auch GegnerInnen – etwa die Polizeibehörden – mitlesen können. Bei besonders heiklen Informationen oder bei der Planung konkreter Aktionen sollte man deshalb beachten, dass staatliche Überwachungsorgane, aber auch private Kommunikationsanbieter zum Beispiel Telefonate oder E-Mailverkehr mitschneiden oder aufzeichnen können. Unter dem Vorwand der Kriminalitäts- und Terrorismusbekämpfung erlaubt etwa die Vorratsdatenspeicherung in zahlreichen Ländern die Nachverfolgung personenbezogener Daten, die man bei Telefonaten oder im Internet hinterlässt. Will man das vermeiden, sollte man zum Beispiel bei Gesprächen auf Handys verzichten (und für Telefonate eher Dienste wie Skype verwenden) oder im Internet Verschlüsselungsprogramme benutzen. Private Kommunikationsunternehmen wie Google oder Facebook werten unsere Informationen für ihre (zum größten Teil Werbe-) Zwecke aus und geben diese möglicherweise an staatliche Nachrichtendienste weiter. Wer sich der Gefahren bewusst ist, kann entsprechend vorsichtig damit umgehen. Auch wer heikle Aktionen plant, kann vorsorgen: Menschen, die häufig politisch aktiv sind und deshalb staatliche oder private Repression fürchten müssen, organisieren ihre Treffen an unverdächtigen Orten und entfernen Mobiltelefone oder deren Akkus aus den Besprechungsräumen, weil manche überwachte Geräte auch via Mobilfunkanbieter als Abhörstationen in Betrieb genommen werden können. Das klingt jetzt ein bisschen abenteuerlich, im Zweifelsfall können solche Sicherheitsmaßnahmen aber nicht schaden. Wer jemals Polizeiprotokolle gelesen hat, wundert sich nicht mehr darüber, zu welchen Mitteln staatliche Behörden auch bei banalen Ereignissen manchmal greifen. Und wer sich jemals zum Beispiel im Kampf gegen faschistische Gruppen exponiert hat, will nicht unbedingt mit Name, Foto und Privatadresse auf Neonaziseiten genannt werden. Also: lieber vorsichtig sein.

Sich organisieren

Der nächste Schritt nach der Information ist das konkrete Handeln. Was immer ihr tun wollt: Tut es möglichst nicht allein, sondern gemeinsam mit anderen. Politisches Handeln soll nicht zum Selbstzweck verkommen oder der Befriedigung individueller Bedürfnisse – etwa der Gewissensberuhigung – dienen. Es geht ums Gemeinwohl, und das erreichen wir nur gemeinsam. Am besten, indem wir uns so professionell wie möglich organisieren.

Wie aber organisiert man sich? Ganz einfach: indem man sich mit Gleichgesinnten zusammentut und zu einem oder mehreren Themen engagiert. Das kann im Freundeskreis, in der Schule oder mit ArbeitskollegInnen sein, im Rahmen einzelner Aktionen oder Ereignisse, oder man schließt sich bestehenden Organisationen und Gruppierungen wie Attac, Greenpeace, Gewerkschaften, Parteien oder Initiativen an. Auf Informationsveranstaltungen und Vorträgen, bei Demonstrationen und politischen Protesten oder mithilfe sozialer Medien können wir Menschen kennenlernen, mit denen uns nicht nur ein gemeinsames Anliegen, sondern im Idealfall auch persönliche Sympathie verbindet: eine der wichtigsten Voraussetzungen dafür, bei der Durchsetzung politischer Ziele nicht nur den Ernst der Sache im Auge zu haben, sondern auch Spaß, Freundschaften, Anerkennung, Wertschätzung und Erfolgserlebnisse zu erfahren, aber auch Niederlagen und Rückschläge gemeinsam zu verdauen und den häufig notwendigen langen Atem zu bewahren.

Sobald wir uns entscheiden, uns gemeinsam mit anderen an einer gerechteren, respektvolleren und zukunftsfähigeren Gestaltung der Gesellschaft zu beteiligen, sind wir Teil einer global agierenden Zivilgesellschaft.

Der Autor und Aktivist Michael Edwards definiert Zivilgesellschaft

1. als organisiertes Leben außerhalb von Staat und Markt
2. als öffentlichen Raum, in dem gesellschaftspolitische Ziele diskutiert und ausgehandelt werden
3. als »Wertegemeinschaft« in Form einer erstrebenswerten sozialen Ordnung, definiert in Begriffen wie Diversität, Offenheit, Nicht-Diskriminierung, Gewaltlosigkeit, Menschenwürde, Freiheit, Demokratie, Nachhaltigkeit und so weiter.[6]

Wenn Regierungen und Konzerne die Welt ihren Macht- und Profitinteressen unterwerfen, dann ist eine gut organisierte Zivilgesellschaft die einzige Kraft, die dem etwas entgegensetzen kann.

Gemeinsam lernen wir, Erfahrungen zu sammeln, Erfolge und Misserfolge zu reflektieren, persönlichen Stärken und Schwächen mit Arbeitsteiligkeit und gegenseitiger Unterstützung zu begegnen, Techniken, Netzwerke, Kontakte und wertschätzende Kritik auszutauschen, Wissen weiterzugeben, zu teilen und aufeinander in schwierigen oder gefährlichen Situationen aufzupassen.

Gesellschaftliches Engagement und vor allem der Widerstand gegen autoritäre und ausbeuterische Systeme sind außerdem kein Kinderspiel, auf das wir uns unvorbereitet einlassen sollten. Erfolgreiche zivilgesellschaftliche AktivistInnen und Organisationen können oft auf jahrelange Ausbildung und Erfahrung zurückgreifen und führen ihre Aktionen und Kampagnen mit hoher Professionalität durch. Vor allem wer sich zum ersten Mal politisch engagiert, ist gut beraten, sich die Erfahrung anderer zunutze zu machen – insbesondere dann, wenn er oder sie sich oder andere mit geplanten Aktionen besonders exponiert oder möglicherweise gar gefährdet.

Eine für politischen Aktivismus bewährte Organisationsform ist die Bildung von Zellen, also kleineren Gruppen, deren TeilnehmerInnen sich persönlich kennen und vertrauen können, die aber jeweils über Kontakte und Beziehungen zu anderen Gruppen oder Milieus verfügen. Um politisch wirksam zu werden, ist es nämlich wesentlich, nicht nur mit hundertprozentig Gleichgesinnten zu verkehren und sich gegenseitig in dem Gefühl der Überlegenheit eigener Ansichten und Methoden oder der Ablehnung gemeinsamer GegnerInnen zu bestärken. Wenn es um die Gestaltung und Veränderung unserer Gesellschaft oder deren Machtstrukturen geht, brauchen wir in den meisten Fällen auch Verbündete außerhalb des eigenen engeren Milieus – auch solche, die in Teilbereichen anders denken, leben oder handeln.

So schließen sich etwa linke und ökologisch motivierte AktivistInnen mit NGOs, Parteien, Gewerkschaften, ReligionsvertreterInnen, Bauern und Bäuerinnen und indigenen Völkern aus verschiedenen Ländern zusammen, um gemeinsam internationale Freihandelsabkommen zu bekämpfen. So erfahren Asylsuchende, die im Rahmen von Refugee-Protesten für ihre Rechte eintreten, Unterstützung von anderen zivilgesellschaftlichen AkteurInnen, etablierten Hilfsorganisationen und NGOs, KirchenvertreterInnen und PolitikerInnen, auch wenn es zwischen diesen Gruppen zu Konflikten kommt. Auch diese Konflikte sind wichtig, da ein gemeinsamer Gegner – etwa Regierungen oder das Asylregime der EU – nicht bedeutet, dass alle Beteiligten dieselben Methoden und Ziele verfolgen. Und vor allem weil Gruppen, die aus einer privilegierten Position heraus agieren, häufig erst lernen müssen, diese Position nicht zu missbrauchen und damit Machtverhältnisse zu reproduzieren.

Privilegien reflektieren

Soziale Bewegungen sind vor allem dann erfolgreich, wenn sie in erster Linie von den Betroffenen von Unterdrückung selbst getragen werden, also von Menschen, die ihr Schicksal in die Hand nehmen und zur Durchsetzung ihrer Rechte organisierten Widerstand leisten – auch dann, wenn sie dafür Unterstützung durch Angehörige privilegierter Schichten erfahren. Wenn's aber drauf ankommt, wenn der Widerstand mit Repression beantwortet wird, sind es die Betroffenen, die den Kopf hinhalten müssen und häufig sogar ihre Existenz aufs Spiel setzen – und nur in den seltensten Fällen ihre UnterstützerInnen.

Vor allem in Mitteleuropa werden zivilgesellschaftliche Gruppen oder Menschenrechtsorganisationen häufig von Angehörigen bürgerlicher Milieus dominiert, die nicht nur über ausreichende wirtschaftliche Sicherheit, sondern auch über gute Netzwerke und Kontakte zu Mächtigen aus Medien und Politik verfügen. So haben etwa viele FlüchtlingshelferInnen selbst einen gesicherten Aufenthaltsstatus, zahlreiche antirassistische Gruppierungen werden von Angehörigen der weißen Mehrheitsgesellschaft geleitet, und Hilfsorganisationen bieten einen sicheren, oft gut bezahlten Arbeitsplatz – und das Gefühl, eine sinnvolle, mit hoher gesellschaftlicher Anerkennung verbundene Tätigkeit auszuüben.

Darin liegen aber auch Gefahren. Wer Schwächeren und Benachteiligten hilft, kann daraus auch leicht ein erhöhtes Selbstwertgefühl beziehen – und damit ein (meist unbewusstes) Interesse, die »Objekte« des eigenen Handelns in einem Abhängigkeitsverhältnis zu bewahren, um sich weiter in der HelferInnenrolle sonnen zu können. Denn echte Gleichberechtigung und Unabhängigkeit würden bedeuten, dass man selbst irgendwann in dieser Rolle überflüssig geworden ist. Oder weitergedacht: Wenn Hilfsorganisationen sich nicht nur aufs Helfen beschränken, sondern politisch in dem Sinn erfolgreich werden, dass es niemanden mehr gibt, dem oder der sie helfen müssen, dann braucht man sie nicht mehr – und ihre MitarbeiterInnen werden arbeitslos.

Dabei kommt es auch in Gruppen, die sich als emanzipatorisch, antirassistisch oder antisexistisch definieren, häufig vor, dass sich AktivistInnen, HelferInnen oder NGO-VertreterInnen zu RepräsentantInnen oder FürsprecherInnen jener aufschwingen, für deren Rechte sie eintreten, ihnen damit aber das Recht auf die eigene Artikulation ihrer Anliegen nehmen: etwa wenn MigrantInnen nicht öffentlich zu Wort kommen, weil sie die Landessprache nicht beherrschen und über keine Medienkontakte verfügen. Oder wenn Angehörige der weißen Mehrheitsgesellschaft, ohne Betroffene zu fragen, die Definitionsmacht übernehmen, was denn nun rassistisch sei und was nicht. Oder Männer, die zu wissen glauben, ab wann ein Verhalten oder eine Aussage als sexistisch zu definieren sei, ohne jemals selbst die Erfahrung sexistischer Diskriminierung gemacht zu haben – ganz einfach weil Männer sie nicht und niemals in dieser Form erfahren müssen. Oder wenn sich PolitikerInnen, JournalistInnen oder KünstlerInnen die Leidensgeschichten von Verfolgten durch öffentliche Darstellung zu eigen machen, um daraus gesellschaftliche Anerkennung zu beziehen, ohne die Betroffenen auf Augenhöhe miteinzubeziehen oder das daraus gewonnene symbolische Kapital in irgendeiner Weise zurückzugeben.

Wenn wir uns unserer eigenen Macht und unserer eigenen Privilegien nicht bewusst sind, wird aus der guten Absicht schnell eine neue, subtilere Form von Ausbeutung. Mit unterschiedlichen Machtverhältnissen umzugehen braucht daher viel Sensibilität – und vor allem die Bereitschaft, das eigene Verhalten zu reflektieren und sich kritisieren zu lassen. Nicht nur böse Menschen agieren rassistisch, sexistisch, homophob oder sonst wie diskriminierend: Wir alle – auch selbst von Diskriminierung Betroffene – tragen Vorurteile und anerzogene Verhaltensweisen mit uns herum, und wir können diese nur dann ändern und einander respektvoll begegnen, wenn wir lernfähig auf Kritik reagieren, und indem wir uns gegenseitig immer wieder zu mehr Sensibilität und Solidarität ermuntern. Der sensible Umgang mit Verhaltensweisen und Sprache ist keine Frage einer von moralischen Instanzen verordneten »Political Correctness«, sondern eine des gegenseitigen Respekts.

Auch die kritische Reflexion von Geschichte gehört dazu: Kolonialismus und Holocaust sind nicht nur Gräueltaten, die der Vergangenheit angehören. Die Folgen davon prägen auch unsere gegenwärtigen Gesellschaften: Die Nachfahren damals verfolgter Gruppen sind auch heute noch von gesellschaftlicher Diskriminierung, von Rassismus, Antisemitismus, Homo- und Transphobie und so weiter betroffen. Eine Wiedergutmachung oder vollständige Rückgabe der von den Kolonialmächten oder den Nazis geraubten Ressourcen fand nie statt. Und noch immer dominieren Eurozentrismus und Überlegenheitsphantasien gegenüber »minderwertigen« Kulturen, »Asozialen« und Menschen, die außerhalb gesellschaftlicher Normen leben, öffentliche und politische Diskurse. Aus der Geschichte lernen heißt auch: Verantwortung für historische Ereignisse zu übernehmen, an denen wir zwar selbst nicht individuell beteiligt waren, die aber unseren – möglicherweise privilegierten – Platz in der Gesellschaft prägen.

Solidarische Politik bedeutet die Umverteilung gesellschaftlicher Ressourcen. Das gilt auch für unser eigenes Handeln: indem wir auch innerhalb sozialer Bewegungen den gleichberechtigten Zugang zu gemeinsamen Ressourcen, Räumen und Netzwerken sicherstellen, gesellschaftlich benachteiligte Gruppen wie Frauen, MigrantInnen, Menschen mit Behinderungen und so weiter in Diskussionen, Interviews oder öffentlichen Veranstaltungen bevorzugt zu Wort kommen lassen und wir Barrieren – etwa aufgrund von Behinderungen oder mangelnden Sprachkenntnissen – abbauen.

Basisdemokratische Kommunikationstechniken

Wenn wir in größeren Gruppen diskutieren oder gemeinsame Aktionen durchführen, ist es hilfreich, sich demokratische Kommunikationstechniken anzueignen. Also zum Beispiel bei Wortmeldungen weniger Privilegierten den Vortritt zu lassen, das Reißverschlussprinzip für Männer und Frauen einzuführen, auf eine gute Moderation zu achten, die auch egomanische SelbstdarstellerInnen und LangrednerInnen freundlich bremst, Protokolle zu führen und auf Übersetzungsmöglichkeiten zu achten.

Damit sich nicht alle zu Wort melden müssen und damit Sitzungen unerträglich in die Länge ziehen, gibt es etwa Handzeichen zur Signalisierung von Zustimmung, Ablehnung, Diskussionsbeiträgen und Ad-hoc-Wortmeldungen. In vielen Gruppen hat sich das Konsensprinzip bewährt: Nicht eine Mehrheit entscheidet über eine Minderheit, sondern man sucht gemeinsam einen Kompromiss, bis alle einverstanden sind, der dann auch von allen gemeinsam getragen werden kann. Das ist letztendlich nicht nur effektiver – wenn auch etwas zeitaufwendiger –, wir eignen uns damit auch demokratische Kompetenzen an wie etwa Rücksichtnahme und den Respekt vor den Meinungen anderer sowie das Nachgeben bei eigenen Positionen zugunsten eines gemeinsamen Interesses, die als Vorbild für eine bessere Gestaltung unserer Demokratie dienen können.

Ziele definieren

Egal ob es um das Engagement für zusätzliche Spielplätze oder Grünflächen im eigenen Wohnviertel, bessere öffentliche Bildungsangebote oder um den Kampf gegen den globalisierten Kapitalismus geht: Wenn wir uns politisch für etwas einsetzen, ist es notwendig, gemeinsame Ziele zu definieren, damit unser Handeln nicht zum Selbstzweck oder zur eigenen Gewissensberuhigung verkommt. Mit individueller oder kollektiver Empörung über Missstände allein ist noch niemandem geholfen. Auch das tausendfache »Liken« einer empörten Facebook-Meldung oder die Teilnahme an virtuellen Lichtermeeren tragen nicht per se zu einem Umdenken politisch Verantwortlicher bei – ebenso wenig wie die Annahme, selbst zu den »Guten« zu gehören und zu wissen, wer die »Bösen« sind.

Veränderung braucht Organisation, das Verlassen der Komfortzone, Aktion und Ziele. Diese Ziele können pragmatisch und schnell umsetzbar sein – etwa konkrete Hilfe in einer Notsituation. Oder aber auch idealistisch und utopisch wie, sagen wir mal, die Überwindung des Kapitalismus, das Ende des fossilen Energiezeitalters oder eine Welt ohne Grenzen. Utopisch heißt keineswegs unmöglich: Immerhin waren auch die Kämpfe für Demokratie, die Abschaffung der Sklaverei oder die rechtliche Gleichstellung von Frauen irgendwann einmal utopische Anliegen.

In vielen Fällen wird es sinnvoll sein, die eigenen Ziele als Etappen auf einer Wegstrecke zwischen Pragmatismus und Utopie zu definieren. Wenn mein Ziel der Schutz des Weltklimas und der Lebensqualität von Menschen durch reduzierten Autoverkehr ist, dann kann ein individueller Erfolg schon darin bestehen, sich selbst und andere zum Umstieg aufs Fahrrad zu motivieren. Erst wenn wir uns organisieren, können wir etwa die Errichtung eines Radweges erreichen, und nur wenn wir uns professionell organisieren und vernetzen, werden wir zum Beispiel zu einer ökologischeren Raumplanung oder zu gesetzlichen Maßnahmen zur Reduktion des Auto- und Flugverkehrs beitragen können.

Anderes Beispiel: Wenn mich ausbeuterische Arbeitsverhältnisse im globalen Handel stören, kann ich in einem ersten Schritt selbst mein Konsumverhalten umstellen oder im persönlichen Umfeld oder im Internet gegen multinationale Konzerne protestieren. Wenn mein Ziel aber eine wirksame Änderung dieser Verhältnisse ist, dann werde ich dem nur dann näher kommen, wenn ich mich gemeinsamen Protestaktionen anschließe, mit gewerkschaftlichen oder Menschenrechtsorganisationen zusammenarbeite, mich am Aufbau von Alternativen beteilige und politischen Druck organisiere.

Grundsätzlich gilt: Je größer das Ziel, desto professioneller müssen die Organisation, die Zahl der Verbündeten und das eigene Durchhaltevermögen sein. Deswegen sollten wir uns Ziele so stecken, dass wir uns und vor allem unsere politischen GegnerInnen damit zwar herausfordern, aber Erfolge zumindest teilweise auch im Bereich des Möglichen sind, damit wir uns dieses Durchhaltevermögen und die Motivation für weiteres Engagement erhalten.

Beginnen wir also mal beim Einfachen, beim individuellen Handeln. Das betrifft einerseits den täglichen respektvollen und solidarischen Umgang mit anderen. Aber natürlich auch unser Konsumverhalten.

Bewusster Konsum

Angesichts von Ausbeutung und Zerstörung durch multinationale Konzerne, wie ich sie etwa gemeinsam mit Hans Weiss im »Schwarzbuch Markenfirmen«[7] beschrieben habe, fragen sich viele Menschen: Was kann ich denn noch mit gutem Gewissen konsumieren? Und: Gibt es so etwas wie ethisch unbedenkliche Unternehmen und Produkte?

Die Frage ist nicht seriös zu beantworten. Weil es erstens unmöglich ist, weltweit agierende Konzerne mit Tausenden Zulieferbetrieben so umfassend zu kontrollieren, dass man sie »freisprechen« könnte. Zweitens ist es die Existenzgrundlage multinationaler Unternehmen, aus der Differenz zwischen Billigproduktion bzw. billigen Rohstoffen und teurem bzw. massenhaftem Verkauf oder auch aus Finanzspekulation die höchstmögliche Rendite zu erwirtschaften und damit auch die Unterschiede zwischen Arm und Reich aufrechtzuerhalten. Die Ursache dafür ist das kapitalistische Wirtschaftssystem, das Ausbeutung ökonomisch belohnt und so zur Geschäftsgrundlage macht.

Dennoch glauben heute viele, dass man nur ein paar einfache Einkaufstipps beachten müsse, um »die Welt zu retten«. Mit den »Lohas« (der Begriff steht für »Lifestyle of Health and Sustainability«) entstand sogar ein von der Werbeindustrie umworbener Konsumtrend, der auf gesunde und nachhaltige Lebensweise setzt. In den USA sollen dreißig Prozent der VerbraucherInnen diesem Typ entsprechen, in Deutschland etwa fünfzehn Prozent. Die Idee dahinter: In einer Marktwirtschaft bestimme die Nachfrage das Angebot, und je mehr Menschen Bio, aus fairem Handel, vegetarisch oder aus der Region einkaufen würden, desto mehr werde sich der Markt diesen Bedürfnissen anpassen.

Der Glaube, dass Lohas ihren Teil zur Rettung des Planeten beitragen, indem sie sich ein Hybridauto zulegen, ist allerdings ziemlicher Unsinn. Fahrrad und Bahn belasten nämlich die Umwelt immer noch weniger, aber vor allem können sich diese Art reinen Gewissens nur diejenigen leisten, die genug Geld dafür haben. Das gilt in geringerem Maß leider auch für viele immer noch relativ teure Öko- und Fairtradeprodukte: Natürlich ist es erstrebenswert, wenn möglichst viele Güter ökologisch und fair hergestellt werden. Aber solange sich das nur eine kleine Elite leisten kann und der große Rest froh sein muss, Billigprodukte konsumieren zu können, ändert sich wenig an den gesellschaftlichen Verhältnissen. Zumindest dann, wenn wir glauben, durch »bewussten Konsum« bereits unseren Beitrag zur Weltverbesserung geleistet zu haben, und deshalb darauf verzichten, auf politischer Ebene Druck auszuüben, bis ökologischer und fairer Handel zum Normalfall wird – und nicht nur Luxusgut für privilegierte KonsumentInnen bleibt. Die häufig zitierte »Macht der KonsumentInnen« oder die »Abstimmung an der Supermarktkasse« ist insofern höchst undemokratisch: Wer mehr Geld hat, hat in dieser »Konsumdemokratie« mehr mitzubestimmen als Menschen, die froh sein müssen, wenn sie ihre Familie halbwegs ernähren können.

Um nicht missverstanden zu werden: Ja, es ist gut, so bewusst wie möglich einzukaufen. Manchmal heißt das, einfach weniger zu konsumieren und sich genau zu überlegen, was man wirklich braucht. Bei Lebensmitteln ist es heute relativ einfach, auf regionale, ökologisch produzierte Ware zurückzugreifen und Importgüter wie Kaffee oder Kakao nur aus fairem Handel mit Fairtrade-Gütesiegel zu konsumieren. Doch auch fair gehandelter Wein aus Chile oder Honig aus Mexiko ist sowohl ökologisch als auch sozial schädlich, weil

Produkte aus der Region wesentlich weniger Transportwege (und damit CO_2-Ausstoß) haben und lokale Wirtschaftskreisläufe stärken. Auf jeden Fall gilt: so oft wie möglich auf Fleisch verzichten, und wenn schon, dann Ökofleisch aus der Region konsumieren. Nicht nur wegen der grausamen Bedingungen in der Massentierhaltung, sondern auch weil für den Anbau von Futtermitteln Regenwälder abgeholzt, der Bevölkerung ärmerer Länder wertvolle Ackerflächen vorenthalten und für die Gentechnik- und Agrarindustrie monopolisiert werden.

Bei anderen Produktgruppen hilft es oft, einfach aufs Label zu schauen: Made in China oder Indonesia bedeutet nicht nur lange Transportwege sondern auch niedrigste Mindestlöhne und kaum Gewerkschaftsrechte. Je regionaler die Herstellung, desto höher die Kontrollmöglichkeit und die Wahrscheinlichkeit, dass zumindest soziale und ökologische Mindeststandards eingehalten werden müssen. Bei Gütern, die bei uns nicht (mehr) hergestellt werden – zum Beispiel Computer, Handys und so weiter –, gilt es zunächst, sich zu überlegen, ob es wirklich immer das neueste Modell sein muss. Und ob wir unsere Lebensqualität nicht manchmal auch dadurch steigern können, indem wir weniger konsumieren.

Konsumboykotte

Die Entscheidung, ein Produkt oder eine bestimmte Marke nicht mehr zu konsumieren, ist noch kein Boykott. Wenn wir statt Nike-Schuhen Produkte von Puma kaufen, macht das keinen Unterschied: Die Herstellungsbedingungen sind ungefähr die gleichen. Wenn ich keines von beiden kaufe und stattdessen einen Schuh aus regionaler Produktion, ist das immerhin gut für mich, für die Schuhfirma und damit für regionale Wertschöpfung. Aber es ist noch kein Boykott, solange das individuelle Einkaufsverhalten ohne politische Signalwirkung bleibt. Boykottaktionen sind vor allem dann sinnvoll, wenn sie kollektiv organisiert und entsprechend kommuniziert werden. Erst wenn eine Firma spürbare Umsatzeinbrüche fürchten muss (etwa durch Kampagnen größerer Organisationen), wird sie zumindest kurzfristige Maßnahmen setzen, um den Imageschaden auszubügeln. Man nennt das Konfliktkosten: Für Unternehmen ist das eine betriebswirtschaftliche Größe, mit der sie mögliche Verluste durch solche Imageschäden berechnen.

Das betrifft natürlich vor allem große, bekannte Marken, die sich cool und trendig – und meist auch besonders ökologisch oder sozial geben.

Organisierte Boykottaufrufe sind da durchaus sinnvoll: Weil sich beispielsweise infolge gut organisierter Kampagnen viele KonsumentInnen gegen gentechnisch veränderte Lebensmittel ausgesprochen haben, sind diese aus vielen Supermarktregalen verschwunden. Oder Textilkonzerne, die aus Angst vor Boykotten dann doch Entschädigungen zahlen, wenn wieder einmal Näherinnen wegen der unzureichenden Sicherheitsstandards in Zulieferbetrieben verletzt wurden. Der Früchteboykott gegen Südafrika trug seinerzeit dazu bei, in Europa auf das Problem des Apartheidregimes aufmerksam zu machen. 1995 boykottierten zahlreiche AutofahrerInnen den Ölkonzern Shell wegen der angekündigten Versenkung des schwimmenden Öltanks Brent Spar im Meer. Nach einer von Greenpeace initiierten Medienkampagne und Boykottaufrufen sanken die Umsätze der deutschen Shell-Tankstellen um bis zu fünfzig Prozent. Daraufhin lenkte Shell ein und entsorgte den Öltank an Land. Die Kampagne führte 1998 sogar dazu, dass die Versenkung von Ölplattformen im Nordatlantik überhaupt verboten wurde.

Anders konsumieren

Wer sich nicht damit zufriedengeben möchte, in der Warenwelt immer nur das geringere Übel zu wählen, kann – zumindest ab und zu – auch völlig andere Wege gehen und Teile des Konsumverhaltens der kapitalistischen Logik von Gier und Konkurrenz entziehen.

Wenn heute beispielsweise fast alle Supermarktketten auch ein breit gefächertes Angebot von Bio-Lebensmitteln im Regal haben, dann bedeutet das für diese Produkte zwar die Einhaltung gesetzlich festgelegter Regeln etwa in Bezug auf die Verwendung von Dünge- und Spritzmitteln oder die Nutztierhaltung. Die Massenproduktion verdrängt aber auch bei Bio beispielsweise kleinräumige Wirtschaftskreisläufe, geht häufig auf Kosten der Qualität, drängt LandwirtInnen in die Abhängigkeit von den Handelsketten und weniger profitable Pflanzen- und Nutztierarten vom Markt.[8]

Eine Alternative dazu sind zum Beispiel Bauernmärkte, der Ab-Hof-Verkauf oder überhaupt die Selbstorganisation in sogenannten FoodCoops. Das sind Lebensmittelkooperativen, die gemeinsam den Einkauf bei im Regelfall regionalen, ökologischen AnbieterInnen organisieren. Weil die Gewinnmargen der Handelsketten wegfallen, sind die Produkte meist auch relativ günstig. Vor allem im Umfeld größerer Städte entstehen auch immer mehr gemeinschaftlich bewirtschaftete Selbsterntefelder, AktivistInnen bepflanzen öffentliche Brach- oder Verkehrsflächen (»Guerilla Gardening«), und mittlerweile geben auch moderne Stadtverwaltungen öffentliche Flächen für Gemeinschaftsgärten frei oder erlauben die Pflanzung von Obstbäumen und anderen Nutzpflanzen, die von der Bevölkerung als Gemeinschaftseigentum (»common goods«) gepflegt und genutzt werden. All das ist nicht nur ökologisch sinnvoll, es stärkt auch das Bewusstsein, dass ein verantwortungsvolles Miteinander ohne geschäftliche Interessen möglich ist.

Weltweit werden einer aktuellen Studie zufolge jedes Jahr bis zu zwei Milliarden Tonnen Lebensmittel weggeworfen. Das ist ungefähr die Hälfte aller Lebensmittel – genug, um drei Milliarden Menschen zu ernähren.[9] Ein großer Teil davon landet in den Müllcontainern von Supermärkten – weil die Ware abgelaufen ist, nicht mehr frisch genug aussieht oder Platz in den Regalen freigeräumt werden muss. Immer mehr Menschen – auch solche, denen es finanziell nicht schlecht geht – entschließen sich daher zum »Dumpstern« oder »Containern«: Sie fischen einfach diese meist noch lange Zeit frischen und gesundheitlich unbedenklichen Lebensmittel aus den Mülltonnen und decken damit manchmal einen großen Teil ihres Lebensbedarfs.

Manche Supermarktketten versuchen das zu verhindern, indem sie ihre Mistplätze absperren oder die MülltaucherInnen sogar klagen: Etwas, womit man Profite machen kann, darf doch nicht gratis sein! Um Obdachlose daran zu hindern, sich aus dem weggeworfenen Lebensmittelsortiment in Müllcontainern einer schwedischen Lidl-Filiale zu bedienen, hatte der Supermarkt die Waren sogar mit Reinigungsmitteln vergiftet.[10] Mittlerweile haben Gerichte festgestellt, dass Dumpstern in den meisten Fällen legal ist, solange man dabei nichts zerstört.[11] Initiativen wie »Wastecooking«[12]

zaubern daraus wahre Köstlichkeiten – und thematisieren gleichzeitig die Absurdität unserer Wegwerfgesellschaft.

Dem Ziel, »kapitalismusfreie« Räume ohne Profitinteressen zu schaffen, dienen auch Kost-Nix-Läden und ähnliche Einrichtungen, in denen man, ohne materielle Gegenleistung zu erwarten, schenken, teilen, gemeinsam nutzen oder sich schlicht und einfach ohne Konsumzwang aufhalten kann.

Die Schaffung von nichtkommerziell zugänglichen Räumen ist auch eine der wichtigsten Voraussetzungen für die erfolgreiche Organisation politischen Engagements: Nur wenn es Orte gibt, an denen sich Menschen versammeln und gemeinsam Ziele und Strategien diskutieren können, kann der Grundstein für politisches Handeln gelegt werden.

In einer Welt, die zunehmend von kommerziellen Profit- und Verwertungsinteressen dominiert wird, in der private Unternehmen und ihre Lobbys versuchen, immer mehr Gemeinschaftseigentum und öffentlichen Raum zu privatisieren, ist es fast schon ein revolutionärer Akt, etwas zu teilen, zu schenken, zu geben, ohne dafür eine Gegenleistung oder einen Vorteil zu erwarten. An dieser Revolution kann sich jede und jeder von uns täglich beteiligen: Wir alle haben etwas zu verschenken, und seien es nur unsere Zeit und unsere Aufmerksamkeit für andere. Und mit jedem Freiraum, den wir uns und anderen schaffen und der ökonomischen Verwertungslogik entziehen, haben wir dem Raubtier Kapitalismus ein Stück seines Futters weggeschnappt.[13]

Anders gesagt: Im Moment sieht's angesichts des neoliberalen Mainstreams und nationalistischer Tendenzen so aus, als ob das Ziel einer linken Hegemonie – um es mit Antonio Gramsci zu formulieren – in weiter Ferne läge. Es geht aber nicht nur um Hegemonie, sondern auch um Autonomie, also einen möglichst hohen Grad an Selbstbestimmung für uns und andere. Und die liegt in wesentlich greifbarerer Nähe, weil sie zu einem großen Teil von der Entscheidung abhängt, wie selbstbestimmt und solidarisch wir das eigene Leben und die Beziehungen zu unserer Umwelt gestalten.

Anders leben

Der neoliberale Kapitalismus dominiert nicht nur unsere Warenwelt, sondern greift tief in die höchstpersönlichen Lebensbereiche ein. Schon Kinder lernen, sich gegen andere oder sogar auf Kosten anderer durchzusetzen, nicht zu teilen, nicht abschreiben zu lassen, Schwächere auszugrenzen, um nur ja nicht selbst AußenseiterIn zu werden. Familien und Freundeskreise sind für viele die letzten Orte, wo gegenseitige Hilfe und Unterstützung nicht sofort ökonomisch bewertet und gegengerechnet werden, dennoch sind sogar persönliche Beziehungen von Konkurrenzverhalten, Neid und Geiz geprägt. Kein Wunder, wenn »Geiz ist geil« und materieller Erfolg mehr gesellschaftliche Anerkennung genießen als Solidarität, Mitgefühl und Kooperationsbereitschaft.

Kaum jemand kann sich dem ganz entziehen. Dennoch suchen immer mehr Menschen nach alternativen Wohn-, Lebens- und Arbeitsformen, die es ihnen ermöglichen, zumindest teilweise aus dem krank machenden Hamsterrad kapitalistischer Produktions- und Konsumformen auszusteigen. Durch kooperative Wohn- und Arbeitsgemeinschaften, Alternativschulen, die Solidarität, Kritikfähigkeit, Selbstbewusstsein und Freude am Lernen fördern statt Ellbogenmentalität, regionale Tauschkreise, Nachbarschaftshilfe, das Engagement in sozialen Bewegungen oder zivilgesellschaftlichen Initiativen, durch Zivilcourage und aktive Solidarität mit Schwächeren oder Ausgegrenzten. Jede Minute, die wir ohne Gewinnabsicht gemeinsam mit anderen oder für andere verbringen statt im Shoppingcenter oder auf der Karriereleiter und jeder Akt der Großzügigkeit und des Teilens persönlicher Ressourcen ist eine kleine Rebellion gegen die Ökonomisierung des Lebens.

Anders wirtschaften

Wirtschaft kommt von »Werte schaffen«. Für Banken und Konzerne bedeutet das: Profite auf Teufel komm raus, auch wenn das zulasten von Gesellschaft, Umwelt und Demokratie geht. Das Unternehmensrisiko für Großinvestoren und Multimillionäre ist dabei fast null: Wenn ein Betrieb kracht, wird eben rationalisiert, werden Arbeitsplätze abgebaut oder ausgelagert und die Investitionen umgeschichtet. Oder der Staat – also wir SteuerzahlerInnen – springt mit Bankenrettungspaketen, Steuererleichterungen und Subventionen ein. Einzelpersonenunternehmen (EPU) oder die GründerInnen kleiner und mittlerer Unternehmen (KMU) hingegen tragen meist das volle unternehmerische Risiko. Wenn ihre Firma schlecht läuft oder pleitegeht, haften sie zu einem großen Teil persönlich. Nicht wenige von ihnen leben im oder am Rand des Prekariats.

Dennoch stellt eine wachsende Zahl von UnternehmerInnen andere als rein profitorientierte Ziele in den Vordergrund: Sie wollen zwar genug zum Leben verdienen, gleichzeitig aber ökologisch und sozial nachhaltig wirtschaften, sichere und anständig bezahlte Arbeitsplätze schaffen, ihren Kundschaften gute Qualität bieten und ihren Angestellten Respekt, berufliche Selbstverwirklichung und demokratische Mitbestimmungsrechte ermöglichen.

Gemeinwohl-Ökonomie:
Wirtschaft zum Wohl der Gesellschaft

Um all dies zu fördern, hat der Autor und Aktivist Christian Felber gemeinsam mit FreundInnen aus dem Umfeld der globalisierungskritischen Organisation Attac im Jahr 2010 das Konzept der Gemeinwohl-Ökonomie entwickelt.[14] Die Grundidee: Wirtschaftlicher Erfolg soll nicht nach monetären Profiten gemessen werden, sondern nach dem gesellschaftlichen Nutzwert. Gemessen wird dieser mit einer »Gemeinwohl-Bilanz«[15]: Je sozialer, ökologischer, demokratischer und solidarischer Unternehmen agieren und sich organisieren, desto bessere Bilanzergebnisse erreichen sie.

Ausgehend von Österreich hat sich die Gemeinwohl-Bewegung mittlerweile internationalisiert und ist in Ländern wie Deutschland, Schweiz, Spanien und Italien aktiv. Rund 2000 Unternehmen, über 200 Vereine und Tausende Einzelpersonen unterstützen das Konzept mittlerweile, zahlreiche Pionierunternehmen erstellen – derzeit noch auf freiwilliger Basis – Gemeinwohl-Bilanzen. Ziel ist es aber, dass dieses Tool gesetzlich verbindlich wird, jedes Unternehmen eine solche Bilanz verpflichtend erstellen muss und bei gutem Erfolg rechtliche Vorteile genießen soll: niedrigere Steuern, geringere Zölle, günstigere Kredite, Vorrang beim öffentlichen Einkauf und bei Forschungsprogrammen etc. Der Markteintritt wird dadurch für verantwortungsvolle UnternehmerInnen erleichtert. Ethische, ökologische und regionale Produkte und Dienstleistungen sollen dadurch für KonsumentInnen billiger werden als solche, die auf Ausbeutung, Umweltzerstörung und Menschenrechtsverletzungen beruhen.

Der nächste Schritt der Bewegung ist die Gründung einer »Bank für Gemeinwohl«[16]: Sie soll, so wie es früher einmal der Zweck genossenschaftlicher Banken und Sparvereine war, ebenfalls gesellschaftlichen anstelle von Profitinteressen dienen und mithilfe transparenter Geschäftsgebarung demokratisch kontrolliert werden. Ihre Kernleistungen sind garantierte Sparvermögen, kostenlose Girokonten, kostengünstige Kredite und ökosoziale Risikokredite.

Die Gemeinwohl-Ökonomie sieht sich dabei nicht als das beste aller Wirtschaftsmodelle, sondern nur als möglicher Schritt in die Zukunft. Um diesen Schritt zu gehen, brauchen wir nicht darauf warten, dass andere, Mächtigere aktiv werden: Menschen, Unternehmen, Organisationen und Gemeinden können sich jetzt schon am Umbau der Wirtschaftsordnung in Richtung Gemeinwohl beteiligen.

Ähnliche Ziele verfolgt die

Solidarische Ökonomie

Auch sie orientiert sich an sozialen, demokratischen und ökologischen Ansätzen und stellt das Wohl von Mensch und Gesellschaft anstelle monetärer Profite in den Vordergrund. Zu solidarökonomischen Projekten zählen unter anderem Kooperativen des fairen und ökologischen Handels, Lebensmittelkooperativen (FoodCoops), Tauschbörsen, Sozialmärkte, selbstverwaltete Betriebe, Wohngemeinschaften, Gemeinschaftsgärten, Open-Source-Programme oder alternative Bildungseinrichtungen. Ihren Ursprung hat die Solidarökonomie im mittelalterlichen Genossenschaftsgedanken, der mit der ArbeiterInnen- und Gewerkschaftsbewegung im 19. Jahrhundert durch die Gründung von Konsum-, Kredit- und Wohnbaugenossenschaften als Gegengewicht zum frühen Kapitalismus wiederbelebt wurde.

Mit den Finanz- und Wirtschaftskrisen der jüngeren Zeit erfährt auch die Solidarökonomie neuen Aufschwung. So führte der Zusammenbruch der Wirtschaft in Argentinien im Jahr 2001 dazu, dass ArbeiterInnen zahlreiche aufgelassene Fabriken besetzten und die Produktion selbständig wiederaufnahmen. Da das Management gemeinsam mit den EigentümerInnen die Fabriken verlassen hatte, konnte oft mehr als die Hälfte der Personalkosten eingespart werden. Weil man außerdem keine Profite mehr abliefern musste, wurden viele Betriebe wieder wirtschaftlich rentabel. Heute befinden sich in Argentinien mehr als 200 Fabriken in den Händen von ArbeiterInnen und sichern die Existenz von über 10 000 MitarbeiterInnen.

In Brasilien unterstützt auch der Staat die Solidarökonomie und hat dafür ein eigenes Staatssekretariat eingesetzt, das der Ökonom Paul Singer leitet. Nachdem während der Wirtschaftskrise in den 1980er und 1990er Jahren viele brasilianische Unternehmen in Konkurs gegangen waren, kauften und sanierten ArbeiterInnen diese Firmen und wurden dabei von Gewerkschaften und der Regierung unterstützt. Außerdem gibt es in Brasilien eine starke Landlosenbewegung, die sich brachliegende Agrarflächen angeeignet hat und dort solidarische und teilweise ökologische Landwirtschaft betreibt. Dazu kommen Projekte des fairen Handels mit indigenen Völkern. Mittlerweile gibt es in Brasilien mehr als 3000 alternative Betriebe und über 500 unterstützende Organisationen. Mehr als achtzig Städte und die öffentlichen

Verwaltungen von sechs Bundesstaaten organisieren sich über das Brasilianische Forum für Solidarische Ökonomie.

Share Economy: Gemeinsam nutzen statt besitzen

Autos sind teuer, in der Produktion werden Menschen und Umwelt ausgebeutet, sie verpesten die Luft und verbrauchen Platz, den wir anders nutzen könnten. Muss man ein Auto besitzen, um Mobilitätsbedürfnissen nachzukommen, die der öffentliche Verkehr oder alternative Verkehrsmittel wie das Fahrrad nicht decken? Autos stehen die meiste Zeit ungenutzt herum. Wer Fahrzeuge gemeinsam mit anderen nutzt, kann auf den Kauf eines eigenen Wagens verzichten und schont damit Umwelt und Geldtasche. Dafür kann man auf die Angebote kommerzieller Carsharing-Anbieter zurückgreifen oder über Mitfahrzentralen Fahrgemeinschaften bilden.

Oder Wohnen: In Wohnprojekten und -gemeinschaften können Gemeinschaftsflächen, Gärten oder Freizeiteinrichtungen, aber auch Dienstleistungen wie Kinderbetreuung gemeinsam genutzt werden, die man sich allein möglicherweise nicht leisten könnte. Auf Internetplattformen tauschen Reisende günstige Übernachtungsmöglichkeiten aus oder stellen diese als »couch surfer« sogar gratis zur Verfügung, um interessante Menschen kennenzulernen und damit selbst rund um den Erdball ein Dach über dem Kopf zu finden.[17]

Share Economy bedeutet, dass wir unsere Lebensqualität steigern können und gleichzeitig weniger Ressourcen verbrauchen, indem wir Güter, Dienstleistungen und Wissen teilen oder gemeinsam nutzen. Share-Economy-Unternehmen wie Airbnb als Wohnraumvermittler oder Uber im Bereich des Transportwesens verfolgen allerdings kommerzielle Ziele und verschärfen zum Teil sogar den ökonomischen Konkurrenzdruck, da sie davon profitieren, unternehmerisches Risiko ohne soziale Absicherung auszulagern. Mit solidarischem Teilen hat das nichts mehr zu tun. Ein Beispiel für das echte Teilen von Ressourcen ohne primäre ökonomische Profitinteressen ist das Online-Lexikon Wikipedia: Es beweist, dass die kollektive, öffentliche und nichtkommerzielle Nutzung von Wissen wesentlich erfolgreicher und effizienter sein kann, als wenn private Unternehmen Wissen monopolisieren, um daraus Profite zu schlagen.

Das Ziel müsste also sein, durch Teilen andere als Profitinteressen in den Vordergrund zu stellen. Wie weit wären wir etwa in der Bekämpfung weitverbreiteter Krankheiten, wenn die medizinische Forschung ihr Wissen teilen würde, anstatt mit Pharma-Patenten Gewinne in zigfacher Höhe der Investitionskosten zu machen? Bewerkstelligen ließe sich das nur durch gesetzliche Maßnahmen: Wenn etwa öffentlich finanzierte Universitäten und Institutionen Zugang zu diesem Wissen erhalten und dieses dann der Öffentlichkeit ohne Gewinnabsicht zur Verfügung stellen würden.

Andere Demokratie: Gesellschaft gemeinsam gestalten

Wenn Konzerne und Machthabende die Demokratie missachten, unseren Wohlstand und unsere Umwelt zerstören und wenn Profite mehr als Menschenrechte zählen, dann müssen wir aktiv werden und den Verantwortlichen die Macht über unser Schicksal und das Schicksal des Planeten aus der Hand reißen. Das geht nur, indem wir uns selbst organisieren oder zumindest Gruppen und Organisationen unterstützen, die dem ausbeuterischen Mainstream etwas entgegensetzen. Beispielhaft seien hier ein paar dieser Organisationsformen angeführt:

Nichtregierungsorganisationen (NGOs) und Non-Profit-Organisationen (NPOs)

Nichtstaatliche zivilgesellschaftliche Interessenverbände oder gemeinnützige Organisationen stellen einen zunehmenden politischen Machtfaktor dar. Vor allem global agierende NGOs wie Save the Children (mit jährlichen Spendeneinnahmen von 1,6 Milliarden US-Dollar eine der weltweit größten Kinderrechtsorganisationen), die Hilfs- und Entwicklungsorganisation Oxfam (geschätzte Einnahmen weltweit rund eine Milliarde pro Jahr), die Umweltorganisation Greenpeace, die Menschenrechtsorganisation Amnesty International (jeweils rund drei Millionen fördernde Mitglieder) oder das globalisierungskritische Netzwerk Attac sind mittlerweile Global Player, die sich immer wieder erfolgreich auch mit mächtigen Konzernen, internationalen Freihandelslobbys und korrupten Regierungen anlegen.

So ist es Save the Children gemeinsam mit anderen gelungen, mit Hilfsprogrammen und politischem Druck die Kindersterblichkeit weltweit maßgeblich zu senken. Oxfam thematisiert die schreiende Ungleichheit zwischen Arm und Reich ebenso wie eine notwendige Agrarwende oder die Folgen des Klimawandels für ärmere Regionen. Und Greenpeace hat für einige konkrete Anliegen auch schon Konzerne wie Shell, Nestlé und Unilever in die Knie gezwungen und zum Beispiel gemeinsam mit anderen Organisationen gentechnik- oder pestizidfreie Lebensmittel in europäischen Supermarktregalen durchgesetzt.

Was aber garantiert uns, dass diese großen Organisationen ihre Macht nicht missbrauchen, Spendengelder veruntreuen oder unlautere Ziele verfolgen? »Sie stehen unter ständiger öffentlicher Beobachtung, ihr Einfluss hängt zu hundert Prozent von ihrer Glaubwürdigkeit ab«, sagt Bernhard Drumel, der selbst jahrelang in leitender Position bei Greenpeace International tätig war und heute zivilgesellschaftliche Organisationen berät: »Konzerne und politische Gegner investieren viel Geld, um deren Image zu schädigen, und wären damit sicher erfolgreich, wenn diese Organisationen keine saubere Weste hätten.«[18] Außerdem reagieren natürlich auch zivilgesellschaftliche KritikerInnen besonders sensibel, wenn jemand, der sich die Weltverbesserung an die Fahnen geheftet hat, faule Kompromisse eingeht. So wurde etwa die – in vielen Bereichen durchaus verdiente – Naturschutzorganisation WWF mehrfach zu Recht dafür kritisiert, Greenwashing zu betreiben, also schmutzigen Konzernpraktiken ein sauberes Image zu ermöglichen: Die von weltweit fünf Millionen Menschen unterstützte NGO ließ sich mit Großspenden von skrupellosen Industrieunternehmen unterstützen und kooperierte sogar mit der Gentechniklobby und Agrarkonzernen wie Monsanto.[19] Aufgrund der öffentlichen Kritik hat mittlerweile auch dort ein Umdenken eingesetzt.

Deshalb gilt es natürlich, auch von großen NGOs ein Höchstmaß an Transparenz und demokratischen Kontrollmöglichkeiten einzufordern, damit sie ihre Rolle als starke Verbündete im Kampf gegen Profitgier und Zerstörung glaubwürdig wahrnehmen können. Die Entscheidung, ob man sich für eine große Organisation oder für kleinere, regional agierende Initiativen persönlich engagieren, sie mit Spenden unterstützen oder gemeinsam mit FreundInnen eine eigene NGO gründen will, ob man sich eher für Umwelt, Menschenrechte, Armutsbekämpfung, Flüchtlingshilfe und so weiter interessiert, muss jeder und jede für sich selbst treffen. Vor allem bei Hilfsorganisationen sollten wir uns jedenfalls die Frage stellen, ob diese möglicherweise eher systemstabilisierend agieren und benachteiligte Menschen in einem Abhängigkeitsverhältnis halten, oder ob sie auch aktive Kritik an gesellschaftlichen und kapitalistischen Unterdrückungsmechanismen formulieren und auf Augenhöhe mit Betroffenen agieren.

Soziale Bewegungen: Das Recht auf Rechte einfordern

Wenn eine Organisation nämlich durch paternalistische Hilfe neue Abhängigkeiten schafft, verfehlt sie ihren Zweck. Um nachhaltig wirksam zu werden, ist es aber notwendig, einen gesellschaftlichen Wandel zu erzeugen. Das ist das Ziel sozialer Bewegungen, die nicht in Form von NGOs oder Vereinen organisiert sein müssen, sondern sich im Wesentlichen dadurch auszeichnen, dass AktivistInnen gemeinsam Strategien und Aktionsformen entwickeln, um ein konkretes gesellschaftliches Ziel zu erreichen.

»Wenn sich Menschen in sozialen Bewegungen organisieren, lernen sie, dass es zunächst vor allem darum geht, das Recht einzufordern, Rechte zu haben«, so die brasilianische Politikwissenschaftlerin Evelina Dagnino. Als Beispiel zitiert sie BewohnerInnen brasilianischer Elendsviertel, die im Widerstand zum autoritären Militärregime in den sechziger Jahren das Recht auf eigene Lebensräume erkämpften: »Die

Militärs sagten, wir hätten kein Recht darauf. Erst als wir beschlossen, uns dieses Recht zu nehmen, waren wir erfolgreich.«[20]

Bereits im 19. Jahrhundert entstanden beispielsweise die Bewegungen zur Abschaffung der Sklaverei, die ArbeiterInnenbewegung oder die Frauenbewegung, im 20. Jahrhundert die Friedens- und Antiatomkraftbewegung, die Umwelt- und Tierrechtsbewegung oder etwa Initiativen zur Gleichstellung von Schwulen, Lesben und Transgender-Personen. Und in jüngerer Zeit die globalisierungskritische Bewegung mit weltweit Tausenden NGOs, Gewerkschaften und engagierten Einzelpersonen, Protestbewegungen wie Occupy Wall Street oder die spanische Bewegung 15. Mai, Bewegungen gegen den Überwachungsstaat oder die RefugeeCamp-Bewegung für die Rechte von Flüchtlingen. Oder der organisierte Widerstand gegen konzerngesteuerte Freihandelsabkommen wie das TTIP (siehe Seite 33).

Teil einer solchen Bewegung wird man, indem man einfach mitmacht, also an Treffen, Foren, Veranstaltungen, Demonstrationen oder anderen Aktionsformen teilnimmt oder solche selbst mitorganisiert. Dafür braucht es keine formale Mitgliedschaft oder sonstige Voraussetzungen, sondern schlicht und einfach die Bereitschaft, sich respektvoll mit anderen und einem Thema (oder einem Missstand) auseinanderzusetzen.

Gewerkschaften und Parteien

Gewerkschaften sind aus der ArbeiterInnenbewegung hervorgegangen und setzen sich für höhere Löhne, bessere Arbeitsbedingungen, mehr Mitbestimmung, für Arbeitszeit-

verkürzungen und teilweise auch für weitergehende Gesell-
schaftsveränderung ein. Gemeinsam mit BetriebsrätInnen
verhandeln sie die Rechte von ArbeiternehmerInnen mit
ArbeitgeberInnen und setzen diese in manchen Ländern
auch mit Streikdrohungen, kollektiver Arbeitsniederlegung
oder Boykottaufrufen durch. Während manche Gewerk-
schaftsvertreterInnen noch immer protektionistisch nur die
Interessen der eigenen Belegschaften oder des nationalen
Arbeitsmarktes vertreten, haben modernere Gewerkschaf-
terInnen erkannt, dass Arbeitskämpfe in einer globalisierten Arbeitswelt langfristig nur dann erfolgreich sein können, wenn man globale Solidarität übt und beispielsweise für
grenzüberschreitende soziale Mindeststandards und auch
die Rechte von MigrantInnen oder Arbeitslosen eintritt.
Denn je mehr vor allem multinationale Unternehmen den
globalen Standortwettbewerb forcieren, desto höher ist der
politische Druck, auch hierzulande die sozialen Standards zu
senken.

Gerade weil noch immer viel zu viele altgediente Gewerk-
schaftsfunktionäre auf alteingesessenen Rechten und Privilegien beharren, ist es notwendig, sich gewerkschaftlich und
in Betriebsräten zu engagieren und dabei auch über den Tel-
lerrand des eigenen Unternehmens zu blicken. Die historischen Erfolge der ArbeiterInnenbewegung beruhen einzig
und allein auf Solidarität, und die darf keine Grenzen kennen.

Auch Parteien, die aus der ArbeiterInnenbewegung her-
vorgingen, haben sich historische Verdienste erworben.
Linke und linksliberale Parteien wie die Sozialdemokratie
versuchten, nationalistischen oder konservativen VertreterInnen kapitalistischer Interessen eine demokratische, liberale und gerechte Gesellschaftsordnung entgegenzusetzen.

Ab den 1970er Jahren entstanden aus der Umweltbewegung Grünparteien, die sich neben der Ökologie auch einer globalen Sicht von Menschenrechten und sozialer Gerechtigkeit verschrieben haben. Dazu kommen neue Parteien, die auf jüngere gesellschaftliche Entwicklungen – vom Überwachungsstaat bis zur wachsenden gesellschaftlichen Ungleichheit – reagieren. Auf der anderen Seite stehen jene Parteien, die mit billiger Hetze gegen MigrantInnen und Minderheiten die Gesellschaft spalten oder mit neoliberaler Marktgläubigkeit das Geschäft der Reichen und Mächtigen besorgen.

Wenn wir an die Macht einflussreicher Konzernlobbys und intransparente politische Entscheidungsprozesse denken: Ergibt es dann überhaupt noch Sinn, seine Stimme an PolitikerInnen und Parteien zu delegieren oder sich gar selbst in einer Partei zu engagieren?

Solange wir in repräsentativen Demokratien leben: ja. Weil es eben doch einen Unterschied macht, ob eine Regierung den Abbau von sozialen, ökologischen, menschenrechtlichen und demokratischen Standards betreibt oder zumindest den zaghaften Versuch unternimmt, gemeinschaftliche Interessen und Grundrechte zu schützen. Außerdem verteilen Regierungen gesellschaftliche Ressourcen – etwa durch Steuern oder Subventionen. Allerdings sollten wir unsere Stimme nicht einfach bei Wahlen »abgeben«, sondern sie ständig erheben, Kontrolle und Transparenz einfordern und uns aktiv am politischen Geschehen beteiligen. Dafür kann man sich selbst innerhalb sozial, ökologisch und demokratisch orientierter Parteien engagieren und dort jene stärken, die es mit diesen Werten tatsächlich ernst meinen. Auch wenn wählen allein nicht reicht: Durch die Teilnahme an Wahlen können wir zumindest dazu beitragen, Schlimmeres – etwa die Vorherrschaft dezidiert neoliberaler oder nationalistischer Parteien – zu verhindern. Das Bessere müssen wir allerdings selber schaffen.

Unter anderem auch, indem wir innerhalb zivilgesellschaftlicher Strukturen und in sozialen Bewegungen gezielte Allianzen bilden und versuchen, PolitikerInnen für konkrete Anliegen zu mobilisieren.

Politische Forderungen

Was sollen wir von PolitikerInnen und Parteien fordern? Und wie können wir diese Forderungen durchsetzen? Im Wesentlichen geht es darum, Gesetze und Regeln einzufordern, die Mensch, Umwelt und Gesellschaft vor ausbeuterischen Profitinteressen schützen und allen unabhängig von Herkunft und Status den gleichen Zugang zu öffentlichem Raum, Ressourcen und demokratischen Entscheidungsprozessen ermöglichen.

Wenn Konzerne und Multimillionäre sich heute einen Großteil der Reichtümer der Welt angeeignet haben, während immer mehr Menschen im Elend leben, dann geht es zum Beispiel um die Besteuerung hoher Vermögen, Erbschaften und Konzerngewinne, um Armut zu bekämpfen und Sozialsysteme wieder finanzierbar zu machen. Und um Steuern gegen Finanzspekulation wie die sogenannte Tobin-Steuer oder die »Robin-Hood-Steuer«.[21] Wenn Handel und Kapital in Zeiten der Globalisierung keine nationalstaatlichen Grenzen kennen, dann sollten auch Menschen frei wählen können, wo sie leben, arbeiten und BürgerInnenrechte genießen wollen, dann muss vor allem die Flucht vor Verfolgung und Elend ein bedingungsloses Menschenrecht sein. Und dann müssen nationalstaatliche Regierungen oder etwa die Europäische Union auch die Missachtung sozialer, ökologischer und menschenrechtlicher Standards im grenzüberschreitenden Handel durch Steuern, Regeln und Importverbote sanktionieren.

Und wenn Regierungen zu den Bütteln der Reichen und Mächtigen werden, dann brauchen wir als Korrektiv zur repräsentativen (Parteien-)Demokratie wirksame Instrumente der direkten und partizipativen Demokratie, die es zum Beispiel Volksinitiativen ermöglichen, direkten Einfluss auf die Gesetzgebung (etwa durch Volksentscheide) zu nehmen, und die BürgerInnen von Anfang an aktiv in politische Entscheidungsprozesse einbinden.[22]

Politik verstehen, um sie zu beeinflussen

Aber machen PolitikerInnen, einmal gewählt, nicht ohnehin, was sie wollen? Nein, im Gegenteil: Sie sind selbst Teil eines Systems enormer Abhängigkeiten – und um in diesem System zu überleben, die mit dem Amt verbundenen Privilegien zu bewahren oder auch im Sinne eigener Überzeugungen erfolgreich zu sein, reagieren sie auf unterschiedlichste Formen von Druck und Erwartungen, handeln also selbst in Spitzenfunktionen in einem sehr hohen Ausmaß fremdbestimmt. Je mehr wir uns also in die persönliche Interessenlage und Position von PolitikerInnen innerhalb ihres Systems hineinversetzen, desto erfolgreicher werden wir sie für ein Anliegen gewinnen oder zu dessen Durchsetzung drängen können. Dafür müssen wir verstehen, wie politische Macht- und Parteistrukturen funktionieren und an welcher Stelle welche Entscheidungen wann getroffen werden.

Wir müssen uns daher folgende Fragen stellen:

– Auf welcher Ebene wird mein Anliegen entschieden? Im Bezirk, auf Gemeinde- oder Landesebene, durch Organe der EU oder andere Institutionen?

– Wer ist in die Entscheidung involviert – etwa einzelne BeamtInnen, Abgeordnete, Ministerien, Regierungsorgane, private Interessengruppen und so weiter?

– Welche Mittelsleute können mir den Zugang zu diesen EntscheidungsträgerInnen erleichtern?

– Wer sind potenzielle GegnerInnen oder Verbündete?

– Welche persönlichen oder institutionellen Interessen verfolgen sie in Bezug auf mein Anliegen?

– Wie kann ich diese Interessen (zum Beispiel das Interesse, wiedergewählt zu werden) für mein Anliegen nutzen oder aber auch gefährden – etwa durch Bildung strategischer Allianzen oder durch öffentliche Kritik und Widerstand?

– Wie ist die öffentliche Meinung in Bezug auf mein Anliegen? Welche Medien kann ich nutzen, um relevante Teile der Öffentlichkeit für mein Anliegen zu gewinnen?

– Gibt es einen Zeitpunkt, der besonders günstig oder ungünstig ist, um Aufmerksamkeit für mein Anliegen zu bekommen – etwa vor oder nach Wahlen und Regierungsbildungen, aufgrund öffentlichkeitsrelevanter Ereignisse und so weiter?

– Wie funktionieren die formalen und informellen Abläufe von Entscheidungen?

Die meisten dieser Fragen sind nicht einfach zu beantworten. Vor allem der letzte Punkt ist sehr komplex, weil er sehr vielen Einflüssen unterliegt. Nehmen wir zum Beispiel ein nationalstaatliches Umweltgesetz. Formal kann das relativ einfach sein: Ein von einer Regierungspartei geleitetes Ministerium legt dem Parlament einen Gesetzesvorschlag vor, der zuvor von BeamtInnen aufgrund einer Vorgabe aus dem MinisterInnenbüro formuliert wurde. Er gelangt zunächst im Umweltausschuss und dann in den Parlamentskammern zur Abstimmung und wird dort mit Mehrheit der Regierungsparteien beschlossen. Bis es so weit kommt, sind dem allerdings meist öffentliche und nichtöffentliche Diskussionen vorausgegangen, Medien und Lobbygruppen haben Stellung bezogen, häufig haben Lobbys – das können sowohl Industrielobbys als auch Umweltinitiativen sein – das ganze Vorhaben überhaupt erst initiiert, VertreterInnen der Regierungs- und Oppositionsparteien, aber auch BeamtInnen, politische MitarbeiterInnen des Ministers oder der Ministerin (oder sogar ihn oder sie selbst) und JournalistInnen kontaktiert und für ihr Anliegen geworben. Bis es zum demokratischen Formalakt – der Abstimmung durch gewählte MandatarInnen – kommt, sind alle wesentlichen Entscheidungen meist schon gefallen. Wenn wir diese Entscheidungen beeinflussen – also selbst für gute Gesetze lobbyieren wollen, sollten wir möglichst frühzeitig damit beginnen herauszufinden, welchen Einflüssen die handelnden Personen unterliegen.

Bei politischen MandatarInnen aller Couleurs geht es dabei in den meisten Fällen zuallererst um das eigennützige Interesse des Machterhalts, also die Fortsetzung der eigenen Karriere durch Wiederwahl. Natürlich gibt es in allen Parteien Menschen, die aus Idealismus und Überzeugung handeln. Oder sie versuchen zumindest, ihre Überzeugungen mit machtpolitischen Erwägungen in Einklang zu bringen und damit durchzusetzen. Doch das System politischer Konkurrenz begünstigt tendenziell jene, die gelernt haben, sich an Machthierarchien anzupassen, sich an Stimmungen,

Meinungsumfragen und am Druck von »oben« oder von außen – allen voran Massenmedien und mächtigen Interessengruppen – zu orientieren. Dieser Druck zählt bei politischen Entscheidungen meist mehr als inhaltliche Argumente. Letztere dienen lediglich dazu, einen solchen Druck zu erzeugen oder zu verstärken.

Wenn wir politischen Druck erzeugen wollen, können wir das also tun, indem wir mit Argumenten und öffentlichkeitswirksamen Aktionen die öffentliche Meinung und Stimmungen beeinflussen, etwa durch intelligente Öffentlichkeitsarbeit oder die Mobilisierung von Massen. Aber auch, indem wir gezielt die Machtposition einzelner AkteurInnen angreifen. Dafür müssen wir aber die Systeme verstehen, innerhalb derer sie ihre Macht beziehen.

So kann etwa eine von linken AktivistInnen getragene Kampagne gegen eine christlich-soziale Politikerin diese sogar stärken – weil sie damit innerhalb ihrer eigenen Partei nach dem Motto »viel Feind, viel Ehr'« an Ansehen gewinnt. Wirksamer kann es in diesem Fall sein, kirchliche oder konservative Gruppen als Verbündete zu gewinnen und die Kritik quasi »über die Bande« zu formulieren: Wenn linke FlüchtlingsaktivistInnen eine CDU-Ministerin für ihre inhumane Asylpolitik kritisieren, schmerzt sie das weniger, als wenn das ein Bischof tut. Wenn grüne Abgeordnete von Nichtregierungsorganisationen kritisiert werden, kann das in der eigenen Basis ebenso Stimmen kosten wie eine Revolte gewerkschaftlicher FunktionärInnen gegen sozialdemokratische Parteichefs.

Macht funktioniert häufig nach dem machiavellistischen Prinzip »Teile und herrsche«. Auch wir können dieses Prinzip nutzen, indem wir innerparteiliche Fronten ausmachen und dort Verbündete gewinnen. Dafür bringt eine persönliche

E-Mail (oder im Idealfall ein persönliches Gespräch) meist mehr als das Adressieren von Mails an mehrere EmpfängerInnen (die werden kaum gelesen oder mit Standardantworten bedacht). Und noch etwas: Auch PolitikerInnen haben menschliche Regungen und das legitime Bedürfnis nach Respekt und Anerkennung. Solange es eine realistische Aussicht auf für beide Seiten erfolgreiche Handlungsspielräume gibt, sind ein gutes Kompromissangebot, Gesprächsbereitschaft und persönliche Wertschätzung meist besser als sture Konfrontation.

Sollte man auf diesem Weg nicht erfolgreich sein, dann gilt es öffentlichen Druck aufzubauen und mögliche Verbündete zu mobilisieren. Was zählt, sind die Verständlichkeit und Anschlussfähigkeit der eigenen Argumente – und die Macht und Masse derer, die diese Argumente öffentlich artikulieren. Anschlussfähigkeit bedeutet: Für den Erfolg meines Anliegens ist es weniger entscheidend, ob ich sachlich recht habe (oder überzeugt bin, recht zu haben), sondern ob ich es schaffe, mein Anliegen so zu formulieren, dass ich dafür ein relevantes Ausmaß an Verbündeten gewinne. Das heißt nicht, dass das eine zahlenmäßige Mehrheit sein muss: Oft sind wenige, die sich überzeugt für eine Sache einsetzen, wirkmächtiger als viele, die das halbherzig tun. Um diese zu erreichen, gibt es zahlreiche unterschiedliche Wege, die ich hier unvollständig und beispielhaft aufzählen möchte. Welche davon am wirkungsvollsten sind, hängt von den eigenen Fähigkeiten und vom Anliegen ab:

– Recherche von Hintergründen und Informationen
– Verbreitung des Anliegens via Internet und Social Media (Facebook, Twitter etc.)
– Nutzung und Teilnahme an Online-Petitionsplattformen wie change.org

- Verfassen von LeserInnenbriefen, Gastkommentaren, Presseinformationen und andere Formen von Medienarbeit
- Ein Bild sagt mehr als tausend Worte: aussagekräftige, emotionale Bilder, Grafiken und Filme schaffen und verbreiten
- Bildung von Allianzen mit möglichen BündnispartnerInnen auch außerhalb des eigenen Milieus
- Suche nach prominenten oder einflussreichen UnterstützerInnen
- Organisation von Demonstrationen, Flashmobs und Protestveranstaltungen
- Nutzen direktdemokratischer (Referenden, Volksbegehren bzw. Volksinitiativen etc.) oder partizipatorischer Instrumente (Beteiligungsverfahren, BürgerInnenhaushalte etc.)
- Inanspruchnahme rechtlicher Mittel und Kontrollmöglichkeiten
- Kreativer Aktionismus, Besetzungen, Streiks, Sabotage, gezielte Gesetzesübertretungen und andere Formen des zivilen Ungehorsams und Widerstands

Wo Recht zu Unrecht wird, wird Widerstand zur Pflicht

Viele wesentliche Veränderungen in der Geschichte der Menschheit, soziale, ökologische oder demokratische Errungenschaften, wurden nicht im harmonischen Konsens, sondern im Konflikt mit und im Widerstand gegen MachthaberInnen und AusbeuterInnen erreicht. Der Grund ist einfach: Die herrschenden Eliten und Profiteure geben ihre Privilegien und Reichtümer nicht freiwillig her. Im Gegenteil: Sie setzen ihre ökonomische und politische Macht ein, um diese, oft auch gewaltsam, zu schützen.

Dagegen braucht es Widerstand. Ein solcher Widerstand muss nicht unbedingt gegen Gesetze verstoßen und schon gar nicht selbst gewaltsam sein. Er kann zum Beispiel in gezielten öffentlichkeitswirksamen Aktionen bestehen.

So veranstalten zum Beispiel in manchen deutschen Städten junge Menschen Stadtführungen zum Thema Konsum und Globalisierung, um auf ausbeuterische Konzernpraktiken hinzuweisen[23]: Mit der gemeinsamen »Besichtigung« von H&M, McDonald's und anderen Läden klären sie Schulklassen vor Ort über ökologische und soziale Missstände in den Produktionsketten der großen Markenfirmen, aber auch über Alternativen wie den fairen Handel auf. Sie informieren dort mitten im Geschäft über das, was nicht auf den Etiketten steht: Kinderarbeit, Niedrigstlöhne und andere Formen globaler Ausbeutung. In England gibt es eine Gruppe junger Menschen, die den Spaß noch weiter treibt: Sie pilgern in die großen Shoppingcenter und knien inbrünstig betend vor den dort angebotenen Markenartikeln nieder. Damit wollen sie auf satirische Weise öffentlich machen, wie sehr sich diese Einkaufstempel längst zu den Heiligtümern der modernen Konsumgesellschaft hochstilisiert haben.

Nach einem Vortrag, den ich einmal für eine Gruppe Jugendlicher im Saarland gehalten habe, wollten diese selbst aktiv werden: Sie wollten KonsumentInnen über die Zustände in Westafrika informieren, wo Kinder auch heute noch als SklavInnen in der Kakaoernte für bekannte Nahrungsmittelfirmen wie Kraft (heute Mondelēz International), Nestlé und andere arbeiten. Sie bedruckten Klebeetiketten mit dem Text: »Verbraucherinformation der Schokoguerilla: Der Kakao für dieses Produkt wurde von Kindersklaven ge-

erntet. Weitere Infos: www.markenfirmen.com«. Auf diese
Homepage stellten wir kurzfristig detaillierte Hintergrund-
infos. Dann schwärmten die Jugendlichen aus, um die Auf-
kleber in allen örtlichen Supermärkten auf jedes Kakao- und
Schokoladenprodukt zu kleben. In einem Geschäft wurde die
selbsternannte »Schokoguerilla« vom Kaufhausdetektiv er-
wischt. Doch sie waren gut vorbereitet: Wir hatten diesen
Fall bereits vorher in Rollenspielen geprobt. Die Kids hielten
dem erstaunten Wachmann einen Kurzvortrag über die Produktionsbedingungen an der Elfenbeinküste, worauf dieser
sagte: »Eigentlich habt ihr recht.« Am nächsten Tag klebte
die »Verbraucherinformation« noch immer auf allen Milka-
und KitKat-Riegeln.

Natürlich ist es nicht legal, Produkte zu bekleben und damit das schöne Image glücklich weidender lila Kühe zu zerstören. Aber ist es denn legitim, sechsjährige Kinder für die
Profite der Schokoladenkonzerne auszubeuten und sie an
Hunger qualvoll sterben zu lassen, nur weil diese Ausbeutung mangels global gültiger Gesetze legal ist?

Im deutschen Gorleben versuchten AtomkraftgegnerIn-
nen jahrelang, den Transport von Atommüllbehältern mit
der Bahn zu blockieren, indem sie sich an die Schienen ket-
teten. Umweltgruppen wie Greenpeace besetzen Ölplattformen, Chemiefabriken oder Kraftwerksgelände. Bei Abschie-
beflügen – ein Riesengeschäft für Fluglinien wie Lufthansa,
Air Berlin und so weiter – kaufen FlüchtlingsaktivistInnen selbst Flugtickets für den entsprechenden Flug, um andere Fluggäste an Bord auf deren prekäre Situation aufmerksam zu machen. Schon mehrmals verweigerten couragierte
PilotInnen daraufhin den Abflug, in manchen Fällen wurden
Asylverfahren sogar wiederaufgenommen und führten zur
Legalisierung der AsylwerberInnen.[24]

In vielen Ländern dürfen MigrantInnen nicht oder nur eingeschränkt an demokratischen Wahlen teilnehmen. Viele von ihnen sind sogar hier geboren, gründen Familien, arbeiten und schaffen Arbeitsplätze, zahlen Steuern und Sozialabgaben, beteiligen sich am Gemeinwesen, wollen sich eine Zukunft aufbauen und die Gesellschaft mitgestalten. In der Schule werden Jugendlichen die Werte der Demokratie vermittelt – und gleichzeitig wird ihnen und ihren Eltern das Recht zur demokratischen Teilhabe versagt, wenn sie keine inländische Staatsbürgerschaft haben. Bis vor knapp hundert Jahren durften auch Frauen nicht wählen – heute finden wir es zu Recht absurd, die Hälfte der Menschen von einem demokratischen Grundrecht auszuschließen. Gleichzeitig wird dieses Recht in manchen Gegenden noch immer einem großen Teil der Bevölkerung verwehrt – in Wien sind das etwa ein Viertel der erwachsenen EinwohnerInnen.

Um auf diesen Missstand aufmerksam zu machen, haben AktivistInnen dort die Initiative »Wahlwexel jetzt« gegründet. Sie nutzen dafür die Möglichkeit der Briefwahl, also die Stimmabgabe per Post anstatt in der Wahlzelle. Konkret funktioniert das so, dass wahlberechtigte InländerInnen eine Wahlkarte beantragen und die eigene Stimme einem oder einer MigrantIn übertragen, das Wahlformular also nach deren parteipolitischen Wünschen ausgefüllt wird. Die Aktion führte zu großen öffentlichen Diskussionen – und auch zu Strafanzeigen durch rechte Parteien, die jedoch zurückgelegt wurden, weil niemand nachweisen kann, wer denn nun die Wahlkarte ausgefüllt hat. Mittlerweile bekennen sich auch etablierte Parteien dazu, das AusländerInnenwahlrecht einführen zu wollen, allerdings fehlt dafür noch eine parlamentarische Mehrheit.

In Ländern wie Brasilien besetzen landlose Bauern und

Menschen aus den Elendsvierteln ungenutzte Ländereien von GroßgrundbesitzerInnen, um dort Landwirtschaft zu betreiben. Viele dieser Landbesetzungen werden nun legal und kooperativ genutzt. In zahlreichen Ländern besetzten ArbeiterInnen Fabriken, als diese den Konzernen zu wenig profitabel erschienen, stillgelegt wurden und die Belegschaften entlassen werden sollten (siehe Seite 188, Porträt SCOPTI). Und siehe da: Ab dem Zeitpunkt, wo die Fabriken keine Profite mehr an reiche AktienbesitzerInnen abführen mussten, lief das Geschäft ausreichend gut, um die Produktion und den Lebensunterhalt ihrer Beschäftigten zu finanzieren. Auch bei uns finden manchmal Besetzungen leerstehender Häuser statt, etwa wenn diese nur zu Spekulationszwecken dienen. Einige der konfliktreichsten Besetzungsaktionen der Vergangenheit gelten heute als Vorzeigeprojekte für kommunale Kultur- und Sozialeinrichtungen.

Ziviler Ungehorsam: Legal, illegal, legitim?

Ziviler Ungehorsam bedeutet die absichtliche und gewaltlose Verletzung von Gesetzen und Regeln aus Gewissensgründen oder um diese öffentlich in Frage zu stellen. Dazu gehört zum Beispiel Wehrdienstverweigerung oder das Desertieren aus einer Armee, die Teilnahme an nicht genehmigten Demonstrationen oder das illegale Beherbergen bzw. der Transport von Flüchtlingen, die von Abschiebung bedroht sind.

AktivistInnen nehmen dafür bewusst Strafen und Sanktionen in Kauf – auch, um öffentlich auf diese Unrechtsverhältnisse aufmerksam zu machen. Der amerikanische Philosoph Henry David Thoreau (1817–1862) verweigerte aus

Kritik an der Sklaverei und dem Krieg der USA gegen Mexiko die Zahlung von Steuern. Er meinte dazu: »Muss der Bürger auch nur einen Augenblick, auch nur ein wenig sein Gewissen dem Gesetzgeber überlassen? Wozu hat dann jeder Mensch ein Gewissen? Ich finde, wir sollten erst Menschen sein, und danach Untertanen.« Und der indische Widerstandskämpfer Mohandas Karamchand »Mahatma« Gandhi (1869–1948) betonte: »In Gewissensangelegenheiten darf es kein Mehrheitsrecht geben.«

Die Publizistin Hannah Arendt prägte den Satz »Niemand hat das Recht zu gehorchen«. Sie spricht von zivilem Ungehorsam, »wenn eine bedeutende Anzahl von Staatsbürgern zu der Überzeugung gelangt ist, dass entweder die herkömmlichen Wege der Veränderung nicht mehr offen stehen bzw. auf Beschwerden nicht gehört und eingegangen wird«.[25] Der Philosoph John Rawls definiert zivilen Ungehorsam als öffentliche, gewaltlose, gewissensbestimmte, aber gesetzeswidrige Handlungen, die auf eine Änderung der Gesetze oder der Regierungspolitik abzielen.[26] Der Philosoph Jürgen Habermas präzisiert: »Ziviler Ungehorsam ist ein moralisch begründeter Protest, dem nicht nur private Glaubensüberzeugungen oder Eigeninteressen zugrunde liegen dürfen; er ist ein öffentlicher Akt, der in der Regel angekündigt ist und von der Polizei in seinem Ablauf kalkuliert werden kann; er schließt die vorsätzliche Verletzung einzelner Rechtsnormen ein, ohne den Gehorsam gegenüber der Rechtsordnung im Ganzen zu affizieren; er verlangt die Bereitschaft, für die rechtlichen Folgen der Normverletzung einzustehen; die Regelverletzung, in der sich ziviler Ungehorsam äußert, hat ausschließlich symbolischen Charakter – daraus ergibt sich schon die Begrenzung auf gewaltfreie Mittel des Protests.«[27]

Damit bewegen wir uns im Spannungsfeld zwischen Legitimität und Legalität, zwischen Moral und Recht. »Ziviler Ungehorsam hat sich in vielen historischen Beispielen nicht nur als moralisch richtig erwiesen, sondern darüber hinaus zu großen demokratischen Errungenschaften beigetragen – beispielsweise in der rechtlichen Gleichstellung der Schwarzen in den USA«, bemerkt der Politikwissenschaftler Lorenz Stör. »Er gilt damit als legitimer Mechanismus des Widerstands[28], da er dem Gewissensprivileg des einzelnen Bürgers eine Möglichkeit des Ausdruckes verschafft. Dies gilt besonders wenn bestehende Gesetzte und Rechte soziale Missstände oder neue Einsichten (z.B. die wissenschaftlichen Erkenntnisse über die Risiken des Klimawandels) nicht hinreichend antizipieren, wenn also die bestehenden legalen Mechanismen die Grundlagen des Zusammenlebens in einer Gesellschaft selbst verletzen.«[29]

Bei Aktionen, die die Grenzen des gesetzlich Erlaubten überschreiten, ist es besonders wichtig, auf Verhältnismäßigkeit und gute Kommunikation zu achten, um die Unterstützung der Bevölkerung nicht zu verlieren. Der Managementforscher Bernhard Mark-Ungericht erklärt, dass »begrenzte Regelverletzungen, Gesetzesbruch also, beim Durchschnittsbürger keineswegs emotionale Abwehr erzeugen«, wenn es um übergeordnete Ziele – also etwa Menschenrechte oder Umweltschutz – geht.[30]

Als in Frankreich infolge der Wirtschaftskrise Konzernmanager von den Belegschaften kurzfristig als Geiseln genommen wurden, um Massenkündigungen zu verhindern, wurde das von rund der Hälfte der FranzösInnen als legitim erachtet. Wenn die Welthandelsorganisation WTO ohne jegliche demokratische Legitimation entscheidet, in der EU den Anbau gentechnisch veränderter Lebensmittel zu gestatten, obwohl dies von der Mehrheit der europäischen Bevölkerung abgelehnt wird, dann wird es von vielen auch als legitim angesehen, wenn AktivistInnen auf Gentechfelder gehen und dort Setzlinge ausreißen. Das ist zwar illegal, wird aber vielfach als legitim angesehen, weil die WTO-Gesetze die legale Durchsetzung demokratischer Mehrheitsinteressen verhindern.

Eine der häufigsten und erfolgreichsten Formen des zivilen Ungehorsams ist die Blockade: 2007 beteiligten sich bis zu 10 000 Menschen an einer Blockade des G8-Gipfels in Heiligendamm. Um die Polizeiketten zu durchbrechen, nutzten sie die sogenannte Fünf-Finger-Taktik: Das sind vorher eintrainierte Handzeichen, um die Polizei durch rasche und koordinierte Aufteilung in Kleingruppen zu überlisten.[31] Im Januar 2012 konnte der europaweit größte geplante Aufmarsch von Neonazis in Dresden durch antifaschistische Blockaden verhindert werden. Und im Mai 2012 sorgte schon die Ankündigung von Blockaden der Europäischen Zentralbank aus Protest gegen die europäische Krisenpolitik für eine Lahmlegung des Frankfurter Bankenviertels.

Gewaltfreier Widerstand

Schwieriger wird es bei der Anwendung von Gewalt, vor allem gegen Menschen. Körperliche oder Waffengewalt wird nur in Extremfällen als legitim erachtet: etwa als Gegenwehr oder Nothilfe, wenn Leib und Leben bedroht sind und keine anderen Mittel zur Verfügung stehen. WiderstandskämpferInnen gegen das Naziregime, gegen brutale Kolonialmächte oder aktuell gegen den Terror des »Islamischen Staates« in Syrien oder im Irak griffen oder greifen auch zur Waffe, um sich selbst, ihre Familien oder die eigene Bevölkerung zu verteidigen, und es steht uns kein Urteil darüber zu, solange wir ihnen nicht andere Auswege bieten können. Wir selbst können nur hoffen – und aktiv dazu beitragen – dass wir niemals in so eine Notsituation kommen.

Wesentlich ist der Respekt vor dem menschlichen Leben und der menschlichen Unversehrtheit – auch der von jenen, die wir aus welchem Grund auch immer als GegnerInnen wahrnehmen. Und der Grundsatz, dass die Wahl unserer Mittel immer angemessen sein, ethischen Grundsätzen und gesellschaftlicher Kritik standhalten und niemals von egoistischen Motiven und Impulsen – vor allem nicht dem der Aggressivität – geleitet sein darf. Auch wenn Mächtige und Multis vielfach von Gewalt und Krieg profitieren, auch wenn selbst in demokratischen Rechtsstaaten regelmäßig mit Polizeigewalt gegen KritikerInnen und Protestierende vorgegangen wird: Wer diese Strukturen erfolgreich und nachhaltig wirksam bekämpfen will, sollte das so gut und gewitzt wie möglich mit gewaltfreien Mitteln versuchen.

Gleichzeitig soll hier eine Lanze für angemessene, nachvollziehbare und gezielte Formen von Sachbeschädigungen gebrochen werden, die von Mächtigen und Medien häufig undifferenziert mit Gewaltakten gegen Menschen gleichgesetzt werden: Wenn AktivistInnen etwa bei faschistischen, diktatorischen oder rassistischen Denkmälern oder Symbolen in Nacht-und-Nebel-Aktionen mithilfe von Graffiti oder anderen künstlerischen Interventionen auf deren problematischen Kontext hinweisen, kann das durchaus legitim sein, weil es zu einem aufklärerischen öffentlichen Diskurs beiträgt.

Als der französische Bauernführer und Aktivist José Bové ein McDonald's-Restaurant zerstörte, gelangte diese Sachbeschädigung zu weltweiter Berühmtheit und Anerkennung. Der Protest richtete sich gegen Strafzölle auf französische

Produkte wie den Roquefortkäse, die die Vereinigten Staaten als Vergeltungsmaßnahme einführten, nachdem die Europäische Union den Import von gentechnisch veränderten Nahrungsmitteln aus den USA verweigert hatte. Als Reaktion darauf erschienen am 12. August 1999 Bauern vor der McDonald's-Filiale in der französischen Kleinstadt Millau und zerstörten diese, ohne dass dabei Menschen zu Schaden kamen. Bové wurde als Anstifter zu drei Monaten Gefängnis verurteilt. Die Aktion weitete sich zu einem Handelskonflikt zwischen Frankreich und den USA aus. Bové, der auch mehrere Male verurteilt wurde, weil er gentechnisch veränderte Pflanzen zerstört hatte, sitzt mittlerweile als Abgeordneter im Europäischen Parlament und kämpft dort für ökologische und regionale Landwirtschaft und gegen die Übermacht der Agrarkonzerne.

Im Dezember 2015 veröffentlichten griechische AnarchistInnen ein Video, das zeigt, wie sie maskiert in ein Athener Inkassobüro eindringen und dort Computer mit den Daten von Menschen zertrümmern, die von Banken in die Schuldenfalle gestürzt wurden. Dass die Aktion auch bei gemäßigten Linken in ganz Europa Zustimmung fand, kann als Anzeichen dafür gewertet werden, dass angesichts des durch kapitalistische Ausbeutung hervorgerufenen Elends mittlerweile auch tatkräftige Formen des Widerstands als legitim erachtet werden.[32]

Doch auch bei Sachbeschädigungen gilt: Blinde Gewalt und Aggression werden in den seltensten Fällen öffentliches Verständnis hervorrufen – und daher auch keine politische Wirksamkeit entfalten.

In seinem 1937 erschienenen Buch »An Encyclopaedia of Pacifism«[33] gibt Aldous Huxley eine Definition von gewaltfreiem Widerstand: »Gewaltloser Widerstand bedeutet nicht

Nichtstun. Er bedeutet, die ungeheure Kraftanstrengung zu unternehmen, die nötig ist, um das Böse mit dem Guten zu besiegen. Diese Kraftanstrengung baut nicht auf starke Muskeln und teuflische Waffen: Sie baut auf moralische Tapferkeit, auf Selbstbeherrschung und auf das unvergessliche, zähe Bewusstsein, dass es auf Erden keinen Menschen gibt – so brutal, so persönlich feindselig er auch sei – ohne angeborenes Fundament von Güte, ohne Liebe zur Gerechtigkeit, ohne Achtung vor dem Wahren und Guten; all dies ist für jeden erreichbar, der die geeigneten Mittel verwendet.«

Der Politikwissenschaftler Gene Sharp hat mit seinem 1973 erschienenen Buch »The Politics of Nonviolent Action« so etwas wie ein Standardwerk des gewaltfreien Widerstands geschaffen. Er gilt als Vordenker der Friedensbewegung zu Zeiten des Kalten Krieges und zahlreicher Demokratisierungsbewegungen in der ganzen Welt. Viele sehen in dem 1928 geborenen Amerikaner einen der wesentlichen Ideengeber der demokratischen Revolutionen Tunesiens und Ägyptens. Vor allem seine Liste der 198 Methoden des gewaltfreien Widerstands ist auch heute noch aktuell.[34]

Dazu gehören öffentliche Reden, Briefe, Unterschriftenlisten und Petitionen, Transparente, Plakate, Flugblätter und andere Publikationen, Satire und Parodie, gemeinsame Symbole, künstlerische Interventionen, Mahnwachen, Demonstrationen und Protestveranstaltungen, Boykotte, Streiks, »Dienst nach Vorschrift«, ziviler Ungehorsam gegenüber illegitimen Gesetzen, Besetzungen und Blockaden, das Brechen gesellschaftlicher Konventionen und so weiter.

Eine Anleitung zum zivilen Widerstand liefert auch der amerikanische Bürgerrechtler Saul Alinsky. Um weniger privilegierte Milieus – etwa unterdrückte ArbeiterInnen und AfroamerikanerInnen – zu unterstützten, entwickelte er seine

»Rules for radicals«, also ein Regelwerk für den radikalen Kampf um Gleichberechtigung. Durch Täuschungsmanöver, mit Spott, Ironie und Provokation, Spaß an den eigenen Aktionen, beständigem Druck und Drohungen sowie der konkreten Benennung und Attackierung politischer GegnerInnen könne man diese demotivieren, schwächen und letztendlich besiegen.[35]

Als eine der wichtigsten Voraussetzungen sieht Alinsky das Entwickeln gemeinsamer Symbole, um den Gemeinschaftsgeist, also eine Art »Wir-Gefühl« innerhalb einer Organisation zu stärken. Dem gegenüber steht für Alinsky die klare Identifizierung des politischen Gegners, also zum Beispiel politische AkteurInnen und Interessengruppen, gegen die man gewaltfreien Widerstand leisten und mit denen man in Konflikt treten müsse: »Der Konflikt ist der wesentliche Kern einer freien und offenen Gesellschaft.«

Um solche Konflikte erfolgreich führen zu können, brauche es eine »Ermächtigung der Armen«: Nicht privilegierte FürsprecherInnen oder Hilfsorganisationen, sondern die Betroffenen selbst müssten in die Lage versetzt werden, sich zu organisieren und ihre Interessen kraftvoll zu vertreten. Das Mittel dazu ist die direkte Aktion, also das unvermittelte Eingreifen in ökonomische und politische Zusammenhänge, ohne Macht und Handlungsmöglichkeiten an andere – also etwa an politische Parteien – zu delegieren.

»Beim gewaltfreien Widerstand geht es auch darum, so vielen Menschen das Mitmachen zu ermöglichen, dass man den Gegner in ein so großes Dilemma bringt, bis er etwas ändern muss«, meint der serbische Politaktivist Srđa Popović. Als Beispiel führt er eine Aktion an, die den türkischen Künstler Erdem Gündüz im Juni 2013 berühmt gemacht hat: Im Rahmen der Gezi-Proteste tat er nichts anderes, als acht

Stunden lang auf dem Istanbuler Taksim-Platz still zu stehen und das Porträt des türkischen Staatsgründers Kemal Atatürk anzustarren. Andere schlossen sich ihm an und wurden von der Polizei weggeführt.

Mit seinem stillen, gewaltfreien Protest hatte er die Staatsmacht in ein Dilemma gebracht und die Polizeigewalt delegitimiert. Die Bilder davon gingen um die Welt und verschafften den Anliegen der türkischen Protestbewegung internationale Sympathie und Unterstützung. »Viele Leute sind von zivilem Ungehorsam beunruhigt«, bemerkte der US-amerikanische Historiker und Politikwissenschaftler Howard Zinn anlässlich einer Demonstration gegen den Vietnamkrieg 1971 in Boston: »Sobald man davon spricht, zivilen Ungehorsam zu begehen, regen sie sich auf. Aber genau dies ist die Absicht von zivilem Ungehorsam: Leute aufzuregen, sie zu stören, sie zu beunruhigen. Wir, die wir zivilen Ungehorsam begehen, sind auch beunruhigt, und wir müssen diejenigen beunruhigen, die für den Krieg verantwortlich sind.«[36]

Kreativ kommunizieren

Wenn wir Zivilcourage, Intelligenz und Humor verbinden, dann können aktivistische Protestformen eine besondere öffentliche Wirksamkeit erzielen. Ein Beispiel dafür ist die Kommunikationsguerilla, die mit ironischen und subversiven Interventionen Missstände entlarvt und öffentlich sichtbar macht. So hat etwa die konsumkritische »Barbie Liberation Organization« 1993 Computerchips in sprechenden Barbiepuppen mit denen der sprechenden Kriegsspielzeug-Puppe GI Joe vertauscht, sodass Barbie militärische Kommandos und GI Joe »Ich will mit dir shoppen gehen« von sich gab. Oder die Gruppe »Adbusters«, die Logos und Markenwerbung mit ebenfalls konsumkritischen Botschaften verfälscht.

Die Aktivistengruppe »The Yes Men« stellte eine gefälschte Homepage der Welthandelsorganisation WTO mit völlig überzogenen Forderungen zur Liberalisierung des Welthandels zugunsten der Konzerne online. Als Folge erhielten sie Einladungen zu Konferenzen unterschiedlicher Freihandelslobbys, die sie für subversive und teils völlig groteske Auftritte nutzten – und dort dennoch unter Applaus zum Beispiel die Wiedereinführung der Sklaverei, die totale Überwachung von ArbeitnehmerInnen oder andere unmenschliche Forderungen aufstellten, um die Skrupellosigkeit ihrer Gastgeber zu enttarnen.[37]

Der New Yorker Aktionskünstler William C. Talen tritt als »Reverend Billy« seit Jahren im Gewand eines Straßenpredigers mit der Gospelgruppe »Church of Life After Shopping« auf öffentlichen Plätzen auf, um das fast religiöse Verhältnis der Konsumgesellschaft zu Markenprodukten und Kapitalismus zu kritisieren.[38]

Humor als Waffe

Eines der wirksamsten Mittel des subversiven Widerstands ist Humor. Lachen befreit und irritiert jene, die auf Gewalt und Repression setzen. Wer über sich selbst lachen kann, ist auch weniger abhängig von der Anerkennung durch andere – und damit weniger leicht beherrschbar. So können wir das Konzept der Narrenfreiheit nutzen, um soziale Konventionen zu durchbrechen.

Im Mittelalter war der Hofnarr der Einzige, der den König öffentlich kritisieren konnte. »Kinder und Narren sagen die Wahrheit«, heißt es. In Umberto Ecos »Der Name der Rose« versuchen die Kirchenfürsten, Aristoteles' Buch über die Komödie zu verbieten, weil sie wissen, dass die Menschen mit dem Lachen ihre Angst – und sie selbst damit ihre Macht – verlieren würden. Deshalb fürchten die Mächtigen nichts mehr als Menschen, die Spaß haben. Wäre Charlie Chaplins grandioser Film »Der große Diktator« im Dritten Reich gezeigt worden, hätte dann nicht sogar Hitler seine Ehrfurcht gebietende Aura eingebüßt, weil die Leute über dessen absurdes Gehabe gelacht hätten?

Clowns wie Chaplin sind das Sinnbild der Imperfektion und daher auch eine Art »Anti-Gewalt« gegen diktatorische Ideologien, die Perfektion vorgaukeln. Clowns und Narren kennen keine Moral, keine aufgeblasene Autorität, keine autoritären Ideologien. Ihre ungebremste Hemmungslosigkeit hebt jegliche Ordnung aus den Angeln. Ihre kindliche Neugier auf das Leben, die Lust am Experiment und am Spiel sind ihre Antriebskräfte. Sie fürchten sich nicht vor Versagen und Scheitern. Im Gegenteil: Ihre scheinbare Naivität ist die Grundlage einer enormen persönlichen Freiheit, die sich keinen Normen unterwirft, dafür aber eine von Mitgefühl und Menschlichkeit getragene gesellschaftliche Verantwortung übernimmt.

Der Clown ist der Archetyp des fröhlichen Verlierers. Seine Nase ist rot, weil er dauernd auf die Schnauze fällt, häufig weint und zu viel trinkt. Seine Kleidung ist zu groß, weil sie ihm nicht gehört. Doch er ist ein glücklicher Looser: Denn wer alles, allem voran ein von gesellschaftlichen Normen konstruiertes Ego, verloren hat, hat nichts mehr zu verlieren. Und wer nichts mehr zu verlieren hat, hat nichts zu befürchten. Und wird damit gefährlich für jene, die ihre Macht und Legitimation aus scheinbar unumstößlichen Moral- und Hierarchievorstellungen beziehen.

Nicht umsonst wurden viele große Clowns – wie Chaplin, Dario Fo, Leo Bassi oder Jango Edwards – für ihre subversiven Späße verhaftet und von den Mächtigen bekämpft.

Auf dieser Idee beruht auch das Prinzip der Clown-rebellInnen: Die Clandestine Insurgent Rebel Clown Army (CIRCA)[39] sind AktivistInnen, die zum Beispiel auf globalisierungskritischen Protestveranstaltungen geschminkt und in grellbunten Uniformen auftreten. Dort beginnen sie etwa PolizeibeamtInnen und Einsatzfahrzeuge mit Staubwedeln abzuputzen, sich in grimmiger Pose neben PolizistInnen zu stellen oder sie mit Wasserpistolen nasszuspritzen. Damit wollen sie nicht nur das militärische Auftreten der Polizei durch Nachahmung lächerlich machen und die Sicherheitskräfte verwirren, sondern auch mögliche Konfliktsituationen entschärfen. Gelernt wird das in Workshops, in denen zum Beispiel auch aggressionsfreies Verhalten in Stresssituationen trainiert wird.

Als etwa die britische Armee neue SoldatInnen für den Irakkrieg anwerben wollte, stürmten ganze Clown-Bataillons die Rekrutierungs-Center, um sich – natürlich nur im Scherz – für den Einsatz an der Front zu bewerben. Die richtigen Armeeoffiziere fühlten sich davon so überfordert, dass sie die Rekrutierungsbüros schließen mussten.

Auch in der Parteienpolitik spielen Clowns und KomikerInnen immer häufiger eine Rolle: Manche sogenannte Spaßparteien dienen nicht nur dem Ulk oder dem Sammeln frustrierter Proteststimmen, sondern bringen unkonventionelle Utopien in den öffentlichen Diskurs. So hat der isländische Komiker Jón Gnarr mit seiner »Die beste Partei« als Bürgermeister von Reykjavík nicht nur mit absurden Wahlversprechen wie »Kostenlose Handtücher für alle Schwimmbäder« und »Ein Eisbär für Reykjavíks Zoo« Erfolg gehabt, sondern soziale Reformen eingeleitet, den öffentlichen Haushalt saniert, den öffentlichen Nahverkehr neu organisiert und neue Möglichkeiten direkter Demokratie etabliert.

Kunst als Mittel zur gesellschaftlichen Transformation

Kunst dient nicht nur der Unterhaltung oder Ästhetik. Kunst hat die Möglichkeit, keinen kommerziellen oder machtpolitischen Zwecken zu unterliegen. Das große gesellschaftliche Potenzial von Kunst liegt daher in ihrer bedingungslosen Freiheit, in der Freiheit von KünstlerInnen, Konventionen zu brechen, Utopien sicht- und angreifbar zu machen, Kritik zu formulieren und Konflikte sprichwörtlich auf die Bühne zu bringen, statt sie unter den Teppich zu kehren.

Deswegen sind es immer öfter KünstlerInnen und Kulturschaffende, die gesellschaftliche Missstände thematisieren, utopische und pragmatische Lösungsvorschläge präsentieren und selbst zur Tat schreiten. Immer mehr Theater setzen sich nicht nur auf der Bühne – oft gemeinsam mit Flüchtlingen – mit dem Asylthema auseinander, sondern beschäftigen oder beherbergen Schutzsuchende. Und riskieren dafür sogar polizeiliche Verfolgung, wie etwa das Schauspielhaus Kampnagel in Hamburg, das dafür breite gesellschaftliche Solidarität erfahren hat.

Das »Theater der Unterdrückten« nach Augusto Boal und andere Aktionstheater laden das Publikum oder PassantInnen zur Teilnahme ein, um Konflikte zu thematisieren. KünstlerInnen intervenieren im öffentlichen Raum, um dort

Irritation oder Kritik zu erzeugen oder zu Veränderungen und Solidarität anzuregen.

Oder sie nutzen die künstlerische Freiheit, um öffentlichkeitswirksam breite Aufmerksamkeit für soziale Anliegen zu provozieren. So wie etwa das Zentrum für Politische Schönheit, ein Zusammenschluss von über siebzig AktionskünstlerInnen, die durch künstlerische Interventionen auf menschenrechtliche Missstände aufmerksam machen.

Das Zentrum bezeichnet sich selbst als »Sturmtruppe zur Errichtung moralischer Schönheit, politischer Poesie und menschlicher Großgesinntheit – zum Schutz der Menschheit« und steht »für eine erweiterte Form von Theater: Kunst muss wehtun, reizen, Widerstand leisten.«[40]

So kündigte die Gruppe im Jahr 2012 an, einen Betonsarkophag nach dem Vorbild von Tschernobyl über der als vergleichbar bezeichneten »Todeszone« des deutschen Rüstungsunternehmens Heckler & Koch zu errichten. Mit dem Film »Himmel über Srebrenica«, Skulpturen und Bombenattrappen thematisierten die AktivistInnen 2009 die Mitverantwortung Deutschlands und der Vereinten Nationen für die Opfer des Bosnienkrieges.

Zum 25. Jahrestag des Berliner Mauerfalls machte das Zentrum 2014 auf das Massensterben von Flüchtlingen an den EU-Außengrenzen aufmerksam. Dafür wurden in einer theatralischen Aktion Gedenkkreuze für die Maueropfer im Zentrum Berlins entwendet und Reproduktionen der Kreuze gemeinsam mit Flüchtenden an europäischen Außengrenzen veröffentlicht. Mit einer Crowdfunding-Aktion sollten Busse organisiert werden, um gemeinsam die Zäune an den europäischen Außengrenzen abzubauen. Zwei Busse fuhren tatsächlich nach Bulgarien und Griechenland, wurden von der Polizei aber an der Weiterfahrt zu den Grenzanlagen gehindert. Die Aktionen lösten weltweite Debatten über den Umgang Europas mit Asylsuchenden aus. Strafrechtliche Ermittlungen wegen des Entfernens der Gedenkkreuze wurden im April 2015 eingestellt.

Im Juni 2015 trat das Zentrum mit der Aktion »Die Toten kommen« erneut an die Öffentlichkeit, um mit drastischen Mitteln auf die Folgen der europäischen Flüchtlingspolitik hinzuweisen: An den europäischen Außengrenzen verstorbene Asylsuchende wurden exhumiert und mit dem Einverständnis ihrer Familien nach Berlin überführt, um dort würdevoll bestattet zu werden – unter ihnen auch eine im Mittelmeer mit ihrem zweijährigen Kind ertrunkene Syrerin.

Parallel zu den Beisetzungen kündigte das Zentrum eine Demonstration vor dem Amt der Bundeskanzlerin an, bei der angeblich auch Tote mitgeführt werden sollten, was von der Polizei allerdings verhindert wurde. Dennoch versammelten sich weit über 5000 Menschen vor dem Bundestag, stürmten das eingezäunte Gelände und hoben etwa hundert Gräber symbolisch aus. In der Folge der Aktion legten AktivistInnen in ganz Deutschland und in Österreich symbolische Gräber an, um auf Flüchtlingselend hinzuweisen.

Demselben Thema war im Herbst 2015 eine gemeinsame Aktion mit dem aktivistischen Kulturprojekt »Wienwoche« gewidmet: Im Namen der österreichischen Bundesregierung und ihres Flüchtlingsbeauftragten, des ehemaligen Bankenbosses Christian Konrad, wurde der Bau einer 230 Kilometer langen Brücke zwischen Afrika und Europa angekündigt, um das Massensterben im Mittelmeer künftig zu verhindern. Wie bei allen anderen Aktionen wurde das Vorhaben mit täuschend echten Bildern, Filmen und Detailinformationen illustriert und fand so großen öffentlichen Widerhall. Doch nicht alle künstlerischen Interventionen des Zentrums sind Fake: Tatsächlich errichtete die Gruppe eine durch Crowdfunding finanzierte schwimmende Rettungsinsel vor der Küste Siziliens. Und zeigt damit, was alles möglich wäre.

Möglich zu machen, was PolitikerInnen, Parteien und Regierungen zum Großteil längst aufgegeben haben, Solidarität und Respekt vor Mensch und Umwelt möglich zu machen und mit jenen in Konflikt zu treten, die das verunmöglichen wollen: Das kann jeder und jede von uns tun. Tun wir es.

Das Volk hat das Vertrauen der Regierung ver-
scherzt. Wäre es da nicht doch einfacher, die
Regierung löste das Volk auf und wählte ein anderes?
Bertolt Brecht

Demokratie neu gestalten

Die demokratischen Institutionen, wie wir sie kennen, sind am Ende. Wir brauchen mehr und neue Möglichkeiten der Mitgestaltung und Teilhabe an Entscheidungsprozessen. Ein Plädoyer für die Entmachtung der Herrschenden und die Ermächtigung der Zivilgesellschaft.

Das System der repräsentativen Demokratie, also die Bildung von Parlamenten und Regierungen durch gewählte Abgeordnete und Parteien, dient immer weniger einem gemeinschaftlichen Interesse: Immer weniger Menschen beteiligen sich an Wahlen, PolitikerInnen verschaffen sich persönliche Vorteile oder agieren im Auftrag mächtiger Lobbys und vernachlässigen das Wohl von Minderheiten, weniger Privilegierten und nachfolgenden Generationen. Populismus und Profitgier gewinnen an Einfluss, Solidarität und Gemeinwohl bleiben auf der Strecke. Was sich formal noch als Demokratie, als Herrschaft des Volkes, bezeichnet, ist in Wahrheit immer mehr eine Oligarchie, die Herrschaft der wenigen, die über Geld und Privilegien verfügen.

Um dem gegenzusteuern, brauchen wir neue, auch institutionalisierte Formen der Teilhabe und Mitbestimmung. Und das Bewusstsein, dass wir unsere Rechte und die Hoffnung auf lebenswerte Zukunftsperspektiven nicht in die

Hände einiger weniger legen, unsere Stimme also nicht bei Wahlen abgeben, sondern ständig und lautstark erheben müssen.

Sozialismus: Alles für alle

Eine frühe Form, allen Menschen gleichberechtigten Zugang zu gesellschaftlichen Ressourcen zu verschaffen, war die Idee des Sozialismus. Als politische Herrschaftsform endete er nach der Oktoberrevolution 1917 zu einem großen Teil in Systemen, von denen erst wieder nur autoritäre Eliten profitierten, die ihre Macht mit Terror und Unterdrückung verteidigten. »Wenn der Sozialismus autoritär ist, wenn Regierungen mit ökonomischer Macht ausgestattet werden, so wie sie jetzt mit politischer Macht ausgestattet sind, wenn wir mit einem Wort eine Industrietyrannis bekommen sollten, dann wäre der neue Status des Menschen schlimmer als der bisherige«, warnte der irische Schriftsteller Oscar Wilde in seinem genialen Essay »Die Seele des Menschen im Sozialismus« bereits 1891.[1] »Der Staat muss infolgedessen jede Absicht zu herrschen aufgeben«, forderte Wilde. Erst die Freiheit von jeder Art von Zwang und Herrschaft führe dazu, dass Menschen sich freiwillig ums Gemeinwohl und umeinander kümmern würden und individuelles Glück erlangen könnten.

Das klingt natürlich sehr idealistisch. Allerdings gab und gibt es tatsächlich Gesellschaften, die sich weitgehend herrschaftsfrei organisieren.

Anarchie: Ordnung ohne Herrschaft

Anarchie wird von vielen Menschen mit Gewalt und Chaos gleichgesetzt. Das ist falsch. Vielleicht steckt hinter dieser Meinung vor allem die Angst derer, die in einer anarchistischen Gesellschaft ihre Macht verlieren würden, nämlich die Herrschenden. Denn das griechische Wort ἀναρχία bedeutet nichts anderes als Herrschaftslosigkeit. Bereits Aristoteles (384–322 v. Chr.) beschrieb Anarchie als »Umstand von Sklaven ohne Herren«.

Die bekanntesten Vordenker des Anarchismus der Neuzeit waren der französische Ökonom Pierre-Joseph Proudhon und der russische Philosoph Michail Bakunin. Beide entwickelten ihre Ideen Mitte des 19. Jahrhunderts, ungefähr zeitgleich mit Marx und Engels. Proudhon definierte Anarchie als »Ordnung ohne Herrschaft«. So wie die Marxisten wollten die Anarchisten den Kapitalismus abschaffen, wobei Proudhon anders als Bakunin und etwa auch Marx und Engels den Einsatz von revolutionärer Gewalt ablehnte.

Im Unterschied zum Kommunismus, der auf den Staat als zentrale Macht setzt, akzeptieren AnarchistInnen gar keine Form von Herrschaft und vertreten die Ansicht, dass eine sozial gerechte Gesellschaft nur durch Selbstorganisation möglich sei. Weil dabei die Freiheit der Menschen im Vordergrund steht, wird Anarchismus auch als »libertärer Sozialismus« bezeichnet. Doch wie in einer Familie oder in einem Verein, in dem sich Menschen freiwillig zusammenschließen, muss es natürlich trotzdem Regeln für das Zusammenleben geben. Die allerdings sollen nicht durch einen autoritären Herrscher auferlegt, sondern gemeinschaftlich, also quasi »von unten«, beschlossen werden. Verletzt jemand diese Regeln, zieht das auch im Anarchismus Sanktionen nach sich, die aber eben durch gemeinsame Beschlüsse durch die Mitglieder der Gemeinschaft verhängt werden und nicht durch eine zentrale Führungsgestalt. Das kann bis hin zum Ausschluss und der Verbannung aus der Gemeinschaft gehen.

Von Proudhon stammt der berühmte Satz »Eigentum ist Diebstahl«. Proudhon ging es dabei nicht darum, Besitz zu verbieten. Vielmehr wollte er klarmachen, dass es Unrecht ist, sich auf Kosten anderer zu bereichern oder Privilegien gegenüber anderen anzuhäufen. Seiner Meinung nach durfte man außer dem persönlichen Bedarf nur solche Güter sein Eigen nennen, die man durch eigene oder gemeinsame Arbeit hergestellt oder im Tausch dafür erworben hatte.

Das klingt utopisch? Ist es sicher auch. Aber unsere Demokratie, das allgemeine Wahlrecht für Frauen oder zum Beispiel die Straffreiheit gleichgeschlechtlicher Beziehungen klangen einst ebenfalls utopisch. Dass sich eine Gesellschaft sehr wohl ohne staatliche Gewalt und ohne Herrschaft organisieren lässt, zeigen viele Beispiele: So leben und lebten indigene Völker wie etwa die San in Südafrika, die Mapuche in Chile oder die »autonomen Gemeinden« in der mexikanischen Region Chiapas ohne HerrscherInnen und auf der Basis von Selbstverwaltung.

Auch westliche Industriegesellschaften praktizierten bereits erfolgreich Anarchismus: Während des Spanischen Bürgerkrieges von 1936 bis 1939 wurden große Teile Nordspaniens von der Bevölkerung selbst verwaltet, ohne dass es je eine Regierung gab. Weil sich niemand mehr persönlich bereichern konnte, kosteten viele Waren plötzlich nur noch ein Viertel des früheren Preises, und auch die Produktion stieg. Entscheidungen wurden von gewählten »Räten« und in öffentlichen Versammlungen getroffen. Räte sind Delegierte, die der Bevölkerung gegenüber direkt verantwortlich sind. Zum Unterschied von unseren Parlamentsabgeordneten sind sie an deren Weisungen gebunden und jederzeit absetzbar. Die spanischen AnarchistInnen verwalteten sogar die Verkehrsbetriebe von Barcelona – immerhin eine Millionenstadt – erfolgreich und ohne Vorgesetzte. Dass diese anarchistische Phase vorüberging, lag nicht daran, dass man scheiterte, weil das System etwa nicht funktionierte (wie zum Beispiel in den Sowjetrepubliken), sondern an der militärischen Übermacht der spanischen Faschisten unter General Franco, die den Bürgerkrieg gewannen und das Land in eine Diktatur führten. So wie auch viele herrschaftsfrei lebende indigene Gesellschaften nicht an sich selbst scheiterten, sondern an der brutalen Zerstörung durch Kolonialmächte.

Dennoch ist Anarchie keine Gesellschaftsform, die sich in einer komplexen globalisierten Welt erfolgreich herbeiführen lässt. Im Gegenteil: Die Abwesenheit staatlicher Ordnungsmacht führt in vielen Ländern tatsächlich zu Chaos und dem Faustrecht der Stärkeren. Aber die Utopie einer herrschaftsfreien Gesellschaft kann uns dazu dienen, Macht und Herrschaft – auch die eigene in Freundeskreisen und Organisationen – immer wieder kritisch zu hinterfragen und gleichberechtigte Formen des Umgangs miteinander und auch unter institutionellen Rahmenbedingungen zu entwickeln.

Regeln und Gesetze gemeinsam gestalten

Wir brauchen noch keinen kompletten Sturz bestehender Systeme und Regierungsformen oder gar gewaltsame Revolutionen, um deren Schwächen zu bekämpfen. Was wir aber dringend brauchen, ist Widerstand gegen Ausbeutung und gegen Gesetze, die nur den herrschenden Eliten dienen.

»Zwischen dem Starken und dem Schwachen befreit das Gesetz, während die Freiheit unterdrückt«, erkannte schon der Philosoph Jean-Jacques Rousseau (1712–1778). Deshalb drängen zum Beispiel Konzerne und Reiche häufig auf Deregulierung und Liberalisierung und wenden sich gegen wirksame Steuergesetze sowie gegen sanktionierbare ökologische und soziale Mindeststandards.

Um dem einen Riegel vorzuschieben, sollten Gesetze und Regeln auch von denen mitgestaltet werden können, die davon tatsächlich betroffen sind: der Bevölkerung. Dafür gibt es unterschiedliche Wege.

Einer davon ist die Stärkung direktdemokratischer Instrumente: Wenn Regierungen Entscheidungen treffen, die nicht dem Willen der Bevölkerung entsprechen, muss diese die Möglichkeit haben, diese Entscheidungen zu korrigieren – etwa mithilfe von Volksbegehren und verbindlichen Volksabstimmungen oder auch durch die Möglichkeit der Abwahl von VolksvertreterInnen. Natürlich brauchen auch direktdemokratische und plebiszitäre Elemente Rahmenbedingungen – etwa den gleichberechtigten Zugang zu Öffentlichkeit, den Schutz von Minderheiten- und Grundrechten und wirksame Maßnahmen gegen den Missbrauch durch Populismus oder Parteien.[2]

Am leichtesten funktioniert Mitbestimmung auf lokaler und regionaler Ebene, wo die Bevölkerung mit unterschiedlichsten Instrumenten der BürgerInnenbeteiligung in Entscheidungen miteinbezogen werden kann. Aber auch auf überregionaler und internationaler Ebene geht es um eine Stärkung demokratischer Kontrollmöglichkeiten, um mehr Transparenz, um eine stärkere Gewichtung des EU-Parlaments gegenüber dem europäischen Rat und der EU-Kommission bis hin zu den Institutionen der UNO, deren Aufgabe es sein muss, globale Interessen wie Frieden, Entwicklung und das Ökosystem unseres Planeten zu schützen. Auf allen Ebenen sollte das sogenannte Subsidiaritätsprinzip beachtet werden: Entscheidungen werden auf der Ebene getroffen, für die sie relevant sind – Fragen des lokalen Zusammenlebens auf lokaler Ebene, überregionale Anliegen auf überregionaler Ebene.

Partizipative Demokratie

In vielen Kommunen und Regionen werden heute schon erfolgreiche Modelle der BürgerInnenbeteiligung und der partizipativen Demokratie praktiziert. Sie ermöglichen der Bevölkerung, an der politischen Entscheidungsfindung aktiv teilzunehmen und zum Beispiel über weite Teile selbst zu bestimmen, wofür die eingezahlten Steuern verwendet werden. Dabei geht es nicht nur darum, zu einer konkreten Frage »ja« oder »nein« zu sagen oder seine Stimme an eine politische Vertretung zu delegieren. Vielmehr wird in der partizipativen Demokratie versucht, einen Konsens zu finden, mit dem alle leben können, der also auch die Interessen von Minderheiten berücksichtigt.

In der brasilianischen Millionenstadt Porto Alegre ließ man zum Beispiel die EinwohnerInnen selbst darüber entscheiden, wofür sie ihre Steuergelder ausgeben wollten – zum Beispiel für den Ausbau des öffentlichen Verkehrs oder den sozialen Wohnbau. Laut einer Vergleichsstudie der UNO hat Porto Alegre heute die beste Lebensqualität aller Großstädte Lateinamerikas und eine der niedrigsten Kriminalitätsraten – einfach weil dadurch auch ärmere Bevölkerungsschichten Zugang zu öffentlichen Ressourcen und Infrastruktur erhielten. Das Beispiel machte Schule und wird heute erfolgreich von zahlreichen Städten und Bezirken in der ganzen Welt angewandt.

Mehr Macht den sozialen Bewegungen

Wenn politische Entscheidungen durch Individuen getroffen werden, dann droht auch die Gefahr, dass diese Entscheidungen individuellen Vorteilen dienen sollen. Etwa indem sich PolitikerInnen persönlich bereichern, aber auch in der Wahlzelle, wenn Parteien gewählt werden, die lediglich die Interessen einer bestimmten Klientel vertreten.

Die Parteiendemokratie sollte dem ursprünglich zumindest so weit entgegenwirken, dass allein die Aushandlung von in Parteien gebündelten Interessengruppen – also etwa ArbeitnehmerInnen versus ArbeitgeberInnen – einen Interessenausgleich bewirken sollte. Doch die Hierarchien und Aufstiegsmöglichkeiten innerhalb von Parteien laufen diesem Ziel ebenso zuwider wie die dadurch erlangten Privilegien und der ungleichberechtigte Einfluss durch Wirtschaftseliten und eine durch Profitinteressen dominierte Medienlandschaft.

Deshalb braucht es Organisationsformen, die nicht von Profitinteressen gesteuert sind und von diesen auch nicht korrumpiert werden können. Nichts eignet sich dafür mehr als soziale Bewegungen, die kollektive und kooperative Interessen verfolgen und innerhalb derer individuelles Handeln nicht primär nach ökonomischen Kriterien (also etwa durch hohe Gehälter), sondern vor allem aufgrund von Ko-

operations- und Kompromissbereitschaft, Idealismus und
sozialer und inhaltlicher Kompetenz belohnt wird.

Einen Versuch, soziale Bewegungen und ihre AktivistInnen auch in institutionelle politische Entscheidungsposi-
tionen zu integrieren, haben die neuen linken Parteien und
Wahlplattformen in den wirtschaftlich zerrütteten Ländern
Griechenland und Spanien gestartet.

In Griechenland kooperiert die sozialistische Regierungspartei Syriza eng mit sozialen und zivilgesellschaftlichen
Organisationen und hat einige ihrer VertreterInnen in Ver-
waltungs- und Regierungsämter berufen. Korruption und
Misswirtschaft der Vorgängerregierung – unter aktiver Mit-
täterschaft internationaler Banken und reicher EU-Länder –
haben Griechenland in die Schuldenfalle und Millionen
GriechInnen in die Armut getrieben. Syriza setzte einerseits
auf internationale Verhandlungen für einen Schuldenschnitt
und war damit kaum erfolgreich: Die rigiden Sparauflagen
der EU-Troika (eine Kooperation von Europäischer Zentralbank, Internationalem Währungsfonds und Europäischer
Kommission) haben die Armut noch verschärft.[3] Was viele
Menschen aber rettet, deren Existenzen und Grundbedürfnisse nach Wohnen, Gesundheit und sozialer Sicherheit durch den strengen Austeritätskurs gefährdet sind, ist
das freiwillige und solidarische Engagement ihrer Mitbür-
gerInnen – und die aktive Förderung sozialer Bewegungen
durch die neue Regierung: Zur Unterstützung der vielen im
Zuge der Krise entstandenen sozialen Projekte hat Syriza
zur Gründung der landesweiten Koordination »Solidarität
für alle« beigetragen. Zu diesen genossenschaftlichen Formen der Selbsthilfe gehören unter anderem soziale Kliniken
und Apotheken, Suppenküchen, Konsumgenossenschaften,
Umsonstmärkte, Tauschringe und andere Formen der soli-

darischen Ökonomie, die Bedürftigen gratis oder günstig zur Verfügung stehen und keine Gewinnabsichten verfolgen.[4] Warum das funktioniert? Weil Tausende Menschen erkannt haben, dass sie den Wirtschaftsmächten hilflos ausgeliefert sind, wenn sie sich nicht solidarisch organisieren – und darin teils jahrelange Erfahrung haben. Und weil die griechische Regierung weiß, dass auch ihre Regierungsmacht nichts nützt, wenn sie allein – also ohne aktive Kooperation mit der Zivilgesellschaft – dem Moloch des globalen Kapitalismus gegenübersteht.

Dies nicht erkannt und aktiv genug genutzt zu haben, ist das große Versäumnis anderer linker oder linksliberaler Regierungen: Zu sehr haben sie sich darauf verlassen, dass Regierungsmacht und guter Wille allein reichen würden, um eine Trendwende gegen den neoliberalen Mainstream herbeizuführen – und sind dabei teilweise sogar Teil dieses Mainstreams geworden. Weil sie es sich allzu schnell im Machtapparat bequem und sich die Spielregeln des neoliberalen Konkurrenzdenkens zu eigen gemacht haben, anstatt auf Kooperation und die Ermächtigung der Zivilgesellschaft zu setzen und diese mit Ressourcen und Infrastruktur auszustatten.

Rein in die Parlamente

Die Gefahr, selbst durch Macht korrumpiert zu werden, haben neue soziale Bewegungen in Spanien sehr früh erkannt – und zwar schon bevor sie sich entschieden haben, nicht nur auf der Straße gegen neoliberale Ausbeutung zu protestieren, sondern selbst den Macht- und Gestaltungsanspruch zu erheben, bei Wahlen zu kandidieren und damit die Möglichkeit zu erhalten, gesellschaftliche Ressourcen umzuverteilen.

Mit Podemos ist einerseits eine Partei entstanden, die aus den Protestbewegungen der Jahre 2011/12 hervorgegangen und relativ dezentral organisiert ist. Ihre KandidatInnen werden in offenen Vorwahlen gekürt, an denen auch registrierte Nicht-Parteimitglieder teilnehmen dürfen – bei den Vorwahlen zur Kandidatur bei den spanischen Parlamentswahlen 2015 waren das immerhin rund 60 000 Menschen. Solche offenen Vorwahlen reduzieren die Möglichkeit, dass sich KandidatInnen durch die Bildung informeller Seilschaften nach oben arbeiten und damit Privilegien sichern. Und sie führen dazu, dass sich Abgeordnete in ihrem politischen Handeln eher der Bevölkerung gegenüber verpflichtet fühlen – und nicht einem Parteiapparat, der über die weitere Karriere als PolitikerIn entscheidet: Egal ob interne Ämter, Programme oder KandidatInnen für Wahlen: Darüber entscheiden bei Podemos online die Menschen, die sich als UnterstützerInnen registriert haben. Mitgliedsbeträge gibt es keine, die Finanzierung von Strukturen und Wahlkämpfen erfolgt durch freiwillige Spenden mittels Crowdfunding. Dennoch ließen sich auch bei Podemos – so wie bei Syriza – innerparteiliche Machtkämpfe nicht ganz vermeiden.

Noch weiter gingen BürgerInnenbewegungen, die als Wahlbündnisse – und gar nicht mehr als Parteien – für die spanischen Kommunalwahlen im Juni 2015 kandidierten. Diese neuen Bündnisse erzielten in vielen Städten einen Erdrutschsieg – und stellen nun sogar in den beiden Metropolen Madrid und Barcelona die jeweiligen Bürgermeisterinnen.

In Barcelona gewann die zivilgesellschaftliche Plattform Barcelona en Comú (katalanisch für »Barcelona Gemeinsam«), die verschiedene soziale und politische Organisationen vereint. Ihre politischen Ziele und Forderungen wurden in partizipativen Prozessen erarbeitet, an denen sich alle EinwohnerInnen der Stadt via Internet und in lokalen Versammlungen beteiligen konnten. Diese schließen die gerechte Umverteilung öffentlicher Ressourcen, die Förderung der partizipativen Demokratie, das Schaffen neuer Mechanismen gegen Korruption, den Kampf gegen Mietspekulation, Obdachlosigkeit und Delogierungen, die Solidarität mit Flüchtlingen, freien Zugang zu Bildungs- und Gesundheitseinrichtungen, eine ökologische Stadtplanung und die Entwicklung eines neuen, nicht primär profitorientierten Tourismusmodells für Barcelona mit ein.

So schaffte es Barcelona en Comú, die Unzufriedenheit großer Teile der Bevölkerung mit dem etablierten politischen System und das Engagement sozialer Protestbewegungen zu verbinden und selbst den Anspruch auf die politische Neugestaltung der Millionenmetropole zu erheben. »Wir treten nicht an, um einen Sitz im Gemeinderat zu bekommen, wir wollen gewinnen«, verkündete die Spitzenkandidatin Ada Colau selbstbewusst – und schaffte auf Anhieb die Stimmenmehrheit und damit die Wahl zur Bürgermeisterin. Ihre politische Glaubwürdigkeit errang sie durch den jahrelangen aktiven Widerstand gegen die Abschiebung von Asylsuchenden, gegen Polizeigewalt und gegen Zwangsräumungen als Folge von Immobilienspekulation und explodierenden Mietpreisen.

Sie glaubt bis heute nicht daran, dass die etablierten Politikmodelle etwas an den sozialen Verhältnissen ändern können: »Politik besteht letztlich darin, was heute außerhalb der Parteien geschieht: sich kollektiv organisieren und Lebensbedingungen im Sinne der Mehrheit verbessern. Zwangsräumungen stoppen, die Banken zur Verhandlung von Schulden zwingen, das öffentliche Gesundheitssystem verteidigen ... *Das* ist Politik. Institutionelle Politik ist etwas Anderes. (...) Eine parteipolitische Festlegung schließe ich aus, weil sie nichts zu der Veränderung beiträgt, die wir benötigen. (...) Jene Politik, die darin besteht, dass wir alle vier Jahre unsere Stimme an Repräsentanten abgeben, ist am Ende. Die Menschen wollen direkt beteiligt sein. Wir brauchen offene und kollektive Prozesse, die die Schranken der Repräsentation durchbrechen und andere, über die Wahlen hinausgehende Formen der Demokratie in Gang setzen.«[5]

Als Zeichen der Solidarität – aber vor allem auch als vorbeugende Maßnahme, um nicht selbst von den Privilegien der Macht korrumpiert zu werden – begrenzt Ada Colau ihr Bürgermeisterinnengehalt auf 2200 Euro pro Monat. Genauso wie die neue Bürgermeisterin von Madrid, die Richterin Manuela Carmena, die zur gleichen Zeit erfolgreich für das Wahlbündnis »Ahora Madrid« kandidierte. Auch diese BürgerInnenbewegung ist keine Partei, sondern ein Zusammenschluss sozialer Bewegungen mit Podemos und anderen linken und ökologisch orientierten Gruppen. Und wie Barcelona en Comú hat auch Ahora Madrid partizipative Beteiligungsmöglichkeiten bis hin zur Möglichkeit, politische MandatarInnen abzuwählen, institutionalisiert und versteht Politik so als permanenten Prozess der Mitgestaltung.

Natürlich können auch solche Bewegungen und Modelle scheitern, so wie wir alle immer mit unseren Versuchen, die Welt zu verbessern, scheitern können. Natürlich können auch solche Regierungen ebenso wenig wie Syriza in Griechenland allein die Übermacht des globalisierten Kapitalismus besiegen.

Die Partei, die Regierung, das politische System, das auf Dauer Wohlstand und Gerechtigkeit für alle und alle nachfolgenden Generationen garantiert, gibt es nicht und wird es nie geben. Das müssen wir schon selbst tun, egal wer uns regiert. Und natürlich ist es aufwendig und anstrengend, immer wieder gegen Gier und Machtmissbrauch anzukämpfen – mit mehr Demokratie, mit mehr Solidarität und mehr persönlichem Einsatz füreinander und für unseren schönen Planeten. Aber wir haben keine andere Wahl, wenn wir unsere Rechte, das Recht auf Sicherheit und Freiheit, auf Glück und Respekt, auf eine gesunde Umwelt und ein Leben in Würde, nicht preisgeben wollen. Erheben wir unsere Stimme, anstatt sie nur bei Wahlen abzugeben, leisten wir Widerstand und gestalten wir unser Leben und unser Schicksal selbst!

Erfolgreiche Initiativen

Die folgende Auswahl internationaler zivilgesellschaftlicher Aktionen und Initiativen zeigt, dass wir sowohl auf lokaler als auch auf globaler Ebene die Möglichkeit haben, Missstände zu thematisieren, politische Veränderungen herbeizuführen – und manchmal sogar Geschichte zu schreiben.

Es handelt sich um Beispiele, um eine subjektive Auswahl, die keinen Anspruch auf Vollständigkeit erhebt.

Alarm-Phone

Tätigkeitsbereich	Fluchthilfe
Aktionsraum	Europa, Nordafrika, Mittelmeer
Web	http://alarmphone.org
TrägerInnen	Freiwillige mit Erfahrung im Kampf gegen das EU-Grenzregime
GegnerInnen	Asylregime der EU, Frontex
Aktionsmethoden	Kommunikation, Öffentlichkeitsarbeit
Ziel	Rettung von Asylsuchenden aus Seenot

Alarm-Phone ist ein seit Oktober 2014 betriebenes Projekt von Freiwilligen aus Europa, Tunesien und Marokko, das sich für die Seerettung von Flüchtlingen einsetzt. Die mit Spenden finanzierte Initiative startete genau ein Jahr, nachdem über 260 syrische Asylsuchende vor Lampedusa ertranken, nachdem die italienische und maltesische Küstenwache die Verantwortung tagelang hin und her geschoben hatten. Da die Küstenwachen in der Vergangenheit immer wieder Notrufe ignoriert haben und die EU-Grenzschutzagenturen Frontex und Triton in erster Linie militärische Abwehraktionen durchführen, anstatt Menschen vor dem Ertrinken zu retten, richteten die AktivistInnen eine Telefonhotline für Flüchtlinge in Seenot (+334 86 51 71 61) ein, die sie online und vor allem über direkte Kontakte mit MigrantInnen- und Flüchtlingscommunitys als Flyer mit Informationen über die Risiken der Überfahrt verbreiten. Die MitarbeiterInnen arbeiten ehrenamtlich von zu Hause aus.

Geht ein Notruf ein, werden zunächst die Küstenwachen informiert. Wenn diese nicht sofort reagieren, werden auf der einen Seite Möglichkeiten abgewogen, durch öffentlichen Druck eine Rettung zu veranlassen. Auf der anderen

Seite wird versucht, Frachtschiffe, Tanker etc. in der Nähe zu kontaktieren und um Unterstützung bei der Rettung zu bitten. Außerdem dokumentiert Alarm-Phone alle Fälle und betreibt Öffentlichkeitsarbeit gegen die tödliche EU-Asyl-politik.

Erfolge Zum Beispiel die Rettung von 600 Flüchtlingen eines sinkenden Schiffs vor der libyschen Küste[1]

Wie kann ich unterstützen?

Finanziell: http://alarmphone.org/de/spenden. In zahlreichen europäischen und nordafrikanischen Städten kann man sich nach einem Training selbst beteiligen.

Ähnliche Initiativen *Watch the Med* dokumentiert Menschenrechts-verletzungen und Todesfälle an den europäischen Außengrenzen: http://www.watchthemed.net

Welcome to Europe bietet Geflüchteten und MigrantInnen Informationen, die ihnen auf dem Weg nach und durch Europa nützlich sein können: http://w2eu.info

Sea-Watch leistet mit einem eigenen Boot Hilfe für Flüchtlinge in Seenot: http://sea-watch.org

Borderline Europe informiert über Möglichkeiten des zivilen Ungehorsams gegen die Abschottungspolitik der EU und deren tödliche Konsequenzen: http://www.borderline-europe.de

---

1 http://www.taz.de/!5012293/

Big Brother Awards

Tätigkeitsbereich	BürgerInnenrechte
Aktionsraum	Weltweit
Web	http://www.bigbrotherawards.org
TrägerInnen	In Deutschland Vereine wie digitalcourage, Chaos Computer Club, Deutsche Vereinigung für Datenschutz und Internationale Liga für Menschenrechte; in Österreich der Verein Quintessenz
GegnerInnen	Überwachungsstaat, Geheimdienste, Daten sammelnde Konzerne
Aktionsmethoden	Verleihung eines Negativpreises, Öffentlichkeitsarbeit
Ziel	Daten- und Persönlichkeitsschutz

Die Big Brother Awards – benannt nach dem Großen Bruder in George Orwells dystopischem Roman »1984« – sind Negativpreise, die jährlich in bisher neunzehn Ländern an Behörden, Unternehmen, Organisationen und Personen vergeben werden, die »in besonderer Weise und nachhaltig die Privatsphäre von Menschen beeinträchtigen oder persönliche Daten Dritter zugänglich machen«.

Unter den PreisträgerInnen befinden sich zum Beispiel die Deutsche Bahn für die Videoüberwachung auf Bahnhöfen, das Bundesverwaltungsamt für das Ausländerzentralregister, der Bundesnachrichtendienst für seine Kooperation mit dem US-Geheimdienst NSA für die Sammlung und Übermittlung von Telekommunikationsdaten, zahlreiche MinisterInnen für die Einführung von Überwachungsmaßnahmen sowie Firmen wie Amazon, Apple, Bayer, Facebook, Google, Lidl, Mattel, Microsoft, die Post, die Telekom und T-Mobile für massenhafte

Datenschutzverletzungen bei KundInnen und/oder MitarbeiterInnen.[1]

Erfolge Nachdem Big Brother Awards aufgedeckt hatte, dass die Metro AG ohne Wissen der KundInnen Schnüffelchips in seinen Payback-Karten versteckt hatte, musste der Konzern die verwanzten Karten zurückziehen. Die jahrelange Aufklärungsarbeit schaffte vor allem ein öffentliches Bewusstsein für die Wichtigkeit des Themas. So erklärte der Europäische Gerichtshof 2014 die EU-Richtlinie zur Vorratsdatenspeicherung für ungültig, da sie mit der Grundrechtecharta nicht vereinbar sei. 2015 brachte der österreichische Datenschutzaktivist Max Schrems mit einer Klage gegen Facebook vor dem EuGH das »Safe-Harbor-Abkommen« der EU mit den USA zu Fall, das den Export personenbezogener Daten durch Informationskonzerne ermöglicht hatte.

Wie kann ich unterstützen?

Sich an einer der Initiativen gegen Überwachungsstaat und Datenschutzverletzungen beteiligen

Ähnliche Initiativen Der *Arbeitskreis Vorratsdatenspeicherung* setzt sich dafür ein, dass unsere Telekommunikationsdaten – also wer mit wem wann per Telefon oder Internet kommuniziert – nicht von staatlichen Behörden protokolliert und aufbewahrt werden: http://www.vorratsdatenspeicherung. de, https://www.akvorrat.at

Freiheit statt Angst ist das Motto von Demonstrationen für Datenschutz und gegen staatliche Überwachung, die jährlich in mehreren Städten weltweit stattfinden: https:// freiheitstattangst.de, http://www.freiheit-statt-angst.org

Save the Internet ist eine Initiative für Netzneutralität, also den Schutz des gleichberechtigten Zugangs zu Online-Kommunikation vor kommerziellen Interessen: https:// savetheinternet.eu

netzpolitik.org informiert über digitale Freiheitsrechte, Überwachung und Datenschutz: https://netzpolitik.org

---

1 Vollständige Liste der deutschsprachigen Länder hier: https://de.wikipedia.org/wiki/Big_Brother_Awards

Free Snowden unterstützt den wohl berühmtesten Whistleblower und Geheimdienstgegner Edward Snowden: https://edwardsnowden.com

Das »Geheimdienst-Aussteigerprojekt« *Intelexit* ist eine Kampagne deutscher Anti-Überwachungs-AktivistInnen: https://www.intelexit.org

Mit *Europe vs. Facebook* kämpft der Datenschutzaktivist Max Schrems gerichtlich gegen Datenklau durch Facebook: http://www.europe-v-facebook.org

Blockupy

Tätigkeitsbereich   Kapitalismus- und Globalisierungskritik

Aktionsraum   Deutschland

Web   https://blockupy.org

TrägerInnen   AktivistInnen linker Gruppen wie Attac, Interventionistische Linke, Occupy Frankfurt, Gewerkschaften, Erwerbslosen-Forum Deutschland, der Partei »Die Linke« u.a.

GegnerInnen   Banken, Konzerne und Regierungen

Aktionsmethoden   Blockaden, Demonstrationen, ziviler Ungehorsam

Ziel   Überwindung der neoliberalen Austeritätspolitik, Demokratie und Solidarität von unten

Blockupy ist ein kapitalismuskritisches Netzwerk, dessen Name sich von der Aktionsmethode der Blockade und der weltweiten Protestbewegung Occupy ableitet. Es versteht sich als Teil europaweiter sozialer Bewegungen, Gewerkschaften, linker Parteien und Flüchtlingsinitiativen: »Zusammen wollen wir eine europäische Bewegung schaffen, einig in ihrer Vielfalt, die die Macht des Krisenregimes und der Austeritätspolitik überwindet und damit beginnt, Demokratie und Solidarität von unten aufzubauen.«

Das Bündnis rief 2012 und 2013 zu Aktionstagen auf, um das Tagesgeschäft der Europäischen Zentralbank (EZB) in Frankfurt zu stören und gegen deren neoliberale Finanzpolitik zu protestieren. Anlässlich der Europawahl, des European Business Summit und des Jahrestages der spanischen 15M-Bewegung mobilisierte Blockupy im Mai 2014 zu dezentralen Protesten in deutschen und europäischen Städten. Im März 2015 legten Tausende Protestierende mit friedlichen Sitz-, Steh- und Tanzblockaden die Zone rund um die EZB lahm und störten so die Eröffnungsfeier für deren Neubau. Dabei kam es zu Ausschreitungen und Polizeiübergriffen, die anschließende Demo von 20 000 Menschen verlief friedlich.

Erfolge Mit Aktionen des zivilen Ungehorsams hat Blockupy spektakuläre Bilder geschaffen und gezeigt, dass immer mehr Menschen bereit sind, gegen das neoliberale Dogma aktiven Widerstand zu leisten – egal ob es zum Beispiel um die Solidarität mit Griechenland oder die mit Geflüchteten geht. Der Berliner Soziologe und Protestforscher Dieter Rucht sieht darin eine wesentliche Beeinflussung des öffentlichen Diskurses, »eine Vorstufe der Revolution sozusagen«.[1]

Wie kann ich unterstützen?

An Vorbereitungstreffen, Blockaden und Demonstrationen teilnehmen

Ähnliche Initiativen Unter dem Namen *Occupy Wall Street* starteten 2011 in den USA zahlreiche Protestaktionen gegen die Politik der Banken und Konzerne, die sich weltweit verbreiteten. Einige lokale Ableger hatten allerdings antisemitische und verschwörungstheoretische Tendenzen und versiegten bald: http://occupywallst.org

Das globalisierungskritische Netzwerk *Attac* setzt sich für eine ökologische, solidarische, demokratische und friedliche Weltwirtschaftsordnung ein: http://www.attac.de, http://www.attac.at

¡Democracia Real YA! (spanisch für »Echte Demokratie Jetzt!«) gilt als Initiator der Proteste in Spanien ab 2011, auch bekannt unter Movimiento 15-M (Bewegung 15. Mai) oder Indignados (Empörte): http://www.democraciarealya.es

Die zivilgesellschaftliche Allianz *Wege aus der Krise* kämpft für Verteilungsgerechtigkeit in Österreich: http://www.wege-aus-der-krise.at

---

1 http://www.zeit.de/gesellschaft/zeitgeschehen/2014-09/occupy-blockupy-bewegung/seite-2

Critical Mass

Tätigkeitsbereich	Mobilität
Aktionsraum	Weltweit
Web	http://critical-mass.info, http://itstartedwithafight.de, http://www.criticalmass.at
TrägerInnen	Lokale FahrradaktivistInnen
GegnerInnen	Motorisierter Straßenverkehr, Stadtregierungen und Polizeibehörden
Aktionsmethoden	Präsenz, ziviler Ungehorsam, Blockaden
Ziel	Umwelt- und menschenfreundliche Stadt- und Mobilitätsplanung

Critical Mass ist eine weltweite Bewegung in Form der direkten Aktion, bei der sich nicht motorisierte VerkehrsteilnehmerInnen – vor allem RadfahrerInnen, aber auch SkaterInnen und so weiter – ohne polizeiliche Anmeldung und ohne identifizierbare VeranstalterInnen treffen, um mit gemeinsamen Fahrten durch Innenstädte auf umweltfreundliche Formen des Individualverkehrs aufmerksam zu machen und dafür mehr Rechte, mehr Raum und eine bessere Verkehrsinfrastruktur einzufordern. Fahrräder sind ein umweltfreundliches, auch für Menschen mit niedrigem Einkommen verfügbares und vergleichsweise ungefährliches Verkehrsmittel, das wenig Platz beansprucht.

Die erste Aktion fand 1992 in San Francisco statt. 2004 protestierten in New York Tausende RadlerInnen gegen George W. Bush. Die weltgrößte Critical Mass war 2013 in Budapest mit rund 100 000 TeilnehmerInnen. In deutschen und österreichischen Städten treffen sich monatlich Hunderte, in Hamburg bisweilen über 5000 FahrerInnen mit zum Teil kreativ aufgemotzten Bikes, mobilen Musikanlagen und so weiter. Im Schutz der Masse und weil

Fahrräder vor allem im Stau wendiger sind als die Polizei, übertreten einige von ihnen bewusst die Straßenverkehrsordnung und missachten zum Beispiel Ampelsignale, Einbahnen, die Radwegbenützungspflicht oder das Fahrverbot auf Stadtautobahnen oder blockieren den motorisierten Verkehr, um darauf aufmerksam zu machen, dass Städte in erster Linie ein gesunder und ungefährlicher Lebensraum für Menschen sein sollten, der durch Straßenbau und die Bevorzugung des Autoverkehrs gefährdet ist. Gleichzeitig achten die TeilnehmerInnen darauf, dass zum Beispiel auch Familien mit Kindern oder ältere Personen ungefährdet mitfahren können.

Erfolge

Moderne Stadtregierungen setzen immer häufiger auf umwelt- und menschenfreundliche Mobilität – etwa durch den Ausbau von Radwegen und des öffentlichen Verkehrs, Verkehrsberuhigungszonen wie Shared Space, Geschwindigkeitsbegrenzungen, City-Maut und Parkraumbewirtschaftung.

Wie kann ich unterstützen?

Falls es in deiner Stadt bereits ähnliche Aktionen gibt: mitmachen. Sonst: einfach via Social Media und so weiter dazu aufrufen, einen Treffpunkt bekanntgeben und losstarten. Anleitung: http://critical-mass.info/howto

Ähnliche Initiativen

Beim *World Naked Bike Ride* demonstrieren jedes Jahr im Juni RadlerInnen nackt oder spärlich bekleidet für umweltfreundliche Mobilität: http://www.worldnakedbikeride.org

Am *Autofreien Tag* rufen Organisationen jährlich am 22. September zum Verzicht aufs Auto und zu Aktionen im öffentlichen Raum auf: http://www.worldcarfree.net

Bikekitchens sind lokale Selbsthilfewerkstätten zur Fahrradreparatur und zum kostengünstigen Erwerb von Rädern und Zubehör: http://www.bikecollectives.org

Unter dem Motto *Recht auf Stadt* organisieren urbane soziale Bewegungen Aktionen für die Verteidigung öffentlicher Frei- und Grünräume sowie alternativer Wohn- und Lebensformen gegen kommerzielle Interessen, Verkehrsbelastung und Gentrifizierung: http://www.rechtaufstadt. net, http://rechtaufstadt.at

Ende Gelände

Tätigkeitsbereich	Klimaschutz
Aktionsraum	Rheinisches Braunkohlerevier
Web	https://ende-gelände.org
TrägerInnen	Aktionsbündnis von Menschen aus ökologischen und linken Bewegungen
GegnerInnen	Energiekonzerne RWE und Vattenfall, Polizei, Landes- und Bundesregierung
Aktionsmethoden	Ziviler Ungehorsam, Blockaden
Ziel	Durch Aktionen des zivilen Ungehorsams den größten CO_2-Verursacher Europas – die Tagebaue im rheinischen Braunkohlerevier – lahmlegen und damit ein sichtbares Signal für eine Wende hin zu echtem Klimaschutz setzen

Im August 2015 fand die bislang größte Aktion gewaltfreien zivilen Ungehorsams der deutschen Klimaschutzbewegung statt. 1500 Menschen besetzten die Kohlegrube Garzweiler im Rheinland, den größten Verursacher von Treibhausgasen Europas. »Wir sind uns der Tatsache bewusst, dass unsere geplante Aktion ein Regelübertritt ist«, kündigte das Aktionsbündnis die illegalen Besetzungen »offen an, in der festen Überzeugung, dass angesichts der Dringlichkeit des Klimawandels, angesichts der himmelschreienden Untätigkeit unserer ›Regierenden‹ (...), in der festen Überzeugung also, dass angesichts all dieser einwandfrei belegten Gefahren unser Gesetzesübertritt eine notwendige und legitime Handlung darstellt, um dem Klimawandel Einhalt zu gebieten.«

Trotz massiver Polizeigewalt und Repressionsdrohungen durch den Energiekonzern RWE wurden die Kohlebagger kurzfristig zum Stillstand gebracht. Mit Klagen gegen rund 800 friedliche AktivistInnen und sogar JournalistInnen versuchte der Konzern, diese zu kriminalisieren.[1] Peinlicherweise hielten sich auch die in Nordrhein-Westfalen mitregierenden Grünen mit Kritik an den Polizeiübergriffen zurück.[2]

Der Aktion gingen eine Sommerschule und ein Klima-Camp voraus, das über die Folgen des Kohleabbaus informierte. Im November 2015 folgte eine Aktionskonferenz in Leipzig, um auch bei den UN-Klimaverhandlungen in Paris ein sichtbares Zeichen zu setzen und bereits für Mai 2016 weitere Aktionen des zivilen Ungehorsams zu planen.

Erfolge Zwei Wochen nach der Aktion »Ende Gelände« setzte die Ratingagentur Standards & Poor's die Kreditwürdigkeit von RWE deutlich herunter, da als Folge der Besetzungen »die politische Umgebung in Deutschland für RWE ungünstig bleiben werde«.[3]

Wie kann ich unterstützen?

Teilnahme an Klimaschutzaktionen, Blockaden und Kraftwerksbesetzungen, Unterstützung von Umweltorganisationen

Ähnliche Initiativen *Anti-Kohle-Kette*: Bereits im April stoppten 6000 AktivistInnen die Kohlebagger im Tagebau Garzweiler mit einer Menschenkette: http://anti-kohle-kette.de

Hambacher Forst Besetzung: Seit Jahren besetzen UmweltaktivistInnen einen Wald, den die RWE für den Kohleabbau roden will: http://hambacherforst.blogsport.de

Frackanpanda: Besetzungen gegen Frackingprojekte im Baskenland: http://frackanpada.frackingez.org

Die *Bürgerinitiative Umweltschutz Lüchow-Dannenberg* ist eine der ältesten Initiativen in Deutschland und die größte regionale Widerstandsgemeinschaft gegen Transporte zum Atommülllager Gorleben: http://www.bi-luechow-dannenberg.de

1 http://www.tagesschau.de/kommentar/kommentar-braunkohle-proteste-101.html
2 http://www.taz.de/Kommentar-Gruene-und-Garzweiler/!5224203/
3 http://blog.campact.de/2015/09/ende-gelaende-fuer-rwe-ratingagentur-stuft-kohlekonzern-herab

TRANSPARENZ
SCHAFFT **VERTRAUEN**

Hamburger Transparenzgesetz

Tätigkeitsbereich	Demokratie
Aktionsraum	Hamburg
Web	http://transparenz.hamburg.de
TrägerInnen	Verein Mehr Demokratie!, Chaos Computer Club, Transparency International und andere
GegnerInnen	Das Amtsgeheimnis
Aktionsmethoden	Politisches Lobbying, Mittel der direkten Demokratie
Ziel	Verpflichtende Offenlegung von politischen Prozessen, Dokumenten und Verwaltungsakten

Nach dem Debakel um die Finanzierung der Elbphilharmonie starteten zivilgesellschaftliche Gruppen wie der Verein »Mehr Demokratie!« zusammen mit dem Chaos Computer Club und Transparency International mit dem Bündnis »Transparenz schafft Vertrauen« Anfang 2012 ein Volksbegehren für die Abschaffung des Amtsgeheimnisses. Stattdessen sollten Politik und Verwaltung verpflichtet werden, von sich aus alle relevanten Verwaltungsakte zu veröffentlichen und damit sowohl Korruption und Misswirtschaft einen Riegel vorzuschieben als auch demokratische Mitbestimmung zu erleichtern. Denn nur, wer sich über politische Vorgänge informieren kann, ist in der Lage, fundierte Entscheidungen zu treffen. Somit ist ein Mindestmaß an Transparenz und Kontrolle eine der wichtigsten Voraussetzungen für mehr Demokratie.

Weil gerade Wahlen anstanden, beschloss die allein regierende SPD aus Angst vor dem Verlust ihrer Mehrheit ein Transparenzgesetz, das mittlerweile als internationales Vorbild gilt: Seit Oktober 2014 müssen Behörden alle relevanten Vorgänge von sich aus kostenlos im Internet veröffentlichen. Das gilt auch für Verträge von Wirtschafts-

unternehmen, an denen die Stadt eine Mehrheits-
beteiligung hält. In einem Informationsregister werden zum
Beispiel alle Mitteilungen des Senats, öffentliche und
private Verträge der Stadt, behördliche Organisations- und
Aktenpläne, amtliche Statistiken, Gutachten, Geodaten,
Baugenehmigungen, Subventionen und vieles mehr publi-
ziert. Nur personenbezogene Daten sind ausgenommen.
Andere Formen des Datenschutzes – etwa aus öffentlichem Interesse – müssen explizit begründet werden. Ein
unabhängiger Beauftragter für Datenschutz und Informationsfreiheit überwacht die Einhaltung der Informations-
pflichten, treibt Erweiterungen voran und dient als Anlauf-
stelle für alle Informationsanliegen.

Erfolge   Eines der modernsten Transparenz- und Informations-
freiheitsgesetze Europas

Wie kann ich unterstützen?

Lokale Initiativen für Informationsfreiheit, Transparenz,
Open Data und Open Government gründen oder sich
daran beteiligen, selbst Informationen im öffentlichen
Interesse recherchieren und öffentlich machen

Ähnliche Initiativen   *Mehr Demokratie!* ist eine Lobby für mehr Transparenz,
BürgerInnenbeteiligung und Möglichkeiten der direkten
und partizipativen Demokratie sowie gegen den politischen Einfluss von Konzernen durch Freihandelsabkommen wie TTIP und CETA: http://www.mehr-
demokratie.de

Der *Chaos Computer Club* ist ein Zusammenschluss von
HackerInnen für das Menschenrecht auf freien Informa-
tionszugang und ungehinderte Kommunikation: https://
www.ccc.de

Das *Forum Informationsfreiheit* fordert die Abschaffung
des Amtsgeheimnisses in Österreich und ein
Transparenzgesetz nach Hamburger Vorbild: http://www.
informationsfreiheit.at

Kotti & Co

Tätigkeitsbereich	Mietenproteste
Aktionsraum	Berlin
Web	http://kottiundco.net
TrägerInnen	MieterInnengemeinschaft
GegnerInnen	ImmobilienspekulantInnen, Deutsche Wohnen AG, Stadtregierung
Aktionsmethoden	Besetzungen, Demonstrationen
Ziel	Leistbare Wohnungsmieten

Seit März 2011 treffen sich die MieterInnen der Hochhäuser am Kottbusser Tor in Berlin-Kreuzberg regelmäßig, um sich gegen die steigenden Mieten und die drohende Verdrängung an den Stadtrand zu organisieren. Seit Mai 2012 besetzen sie einen Platz, an dem sie ein Holzhaus als permanenten Protest- und Informationsstandort aufgebaut haben. Sie nennen es Gecekondu – die türkische Bezeichnung für nicht genehmigte Siedlungen, da viele der MieterInnen türkischer Herkunft sind. Der gemeinsame solidarische Protest von ursprünglich zwanzig MieterInnen fand bald breite Unterstützung und gilt heute als Musterbeispiel für selbstorganisierte Aktionen für das Grundrecht auf Wohnen. Seit 2013 ist auch eine Jugendgruppe, die Kotti-Youth, Teil der Bewegung. Ihre Forderungen: Mietobergrenzen, sozialer kommunaler Wohnungsbau, der Stopp von Zwangsräumungen und ein solidarisches Eintreten gegen Gentrifizierung und Rassismus, da vor allem ärmere Milieus und MigrantInnen von Wohnungsnot betroffen sind.

Gemeinsam mit anderen Initiativen initiierten sie im Vorfeld der Wahl zum Berliner Abgeordnetenhaus 2016 einen Volksentscheid für niedrigere Mieten. Der Film »Mietrebellen« dokumentiert die Berliner Mietenkämpfe als urbane Protestbewegung.

Erfolge Im August 2015 machte der Berliner Senat den InitiatorInnen des Volksentscheids ein Kompromissangebot, demzufolge Sozialmieten nicht mehr als dreißig Prozent des Nettoeinkommens betragen sollen. Landeseigene Gesellschaften sollen 55 Prozent ihrer Wohnungen an bedürftige Haushalte vermieten, zwanzig Prozent davon an Obdachlose oder Flüchtlinge. Das kommt jedoch nicht allen MieterInnen zugute, weswegen die Initiative fortgesetzt wird: http://mietenvolksentscheidberlin.de[1]

Wie kann ich unterstützen?

Sich an ähnlichen Initiativen beteiligen, Menschen in Wohnungsnot vor Zwangsräumungen beschützen oder selbst zumindest kurzfristig beherbergen

Ähnliche Initiativen Das *Bündnis gegen Zwangsräumung* verhindert Zwangsräumungen durch (Sitz-)Blockaden und öffentlichen Druck: http://zwangsraeumungverhindern.blogsport.de

Das *Mietshäuser Syndikat* ist eine Beteiligungsgesellschaft zum gemeinschaftlichen Erwerb von Häusern, um langfristig bezahlbare Wohnungen und Raum für Initiativen zu schaffen: http://www.syndikat.org

Bei *Hausbesetzungen* werden leerstehende Gebäude – meist Spekulationsobjekte – als Wohn- oder Veranstaltungsräumlichkeiten genutzt. Zahlreiche heute etablierte Kulturzentren sind aus früheren Besetzungen hervorgegangen. In Holland wurden friedliche Hausbesetzungen bis 2010 geduldet, wenn Objekte länger als ein Jahr nicht genutzt wurden: https://de.wikipedia.org/wiki/Hausbesetzung

Der *Leerstandsmelder* zeigt leerstehende Räumlichkeiten und Spekulationsobjekte in Deutschland und Österreich: http://www.leerstandsmelder.de

Die *Plataforma de Afectados por la Hipoteca* unterstützt von Zwangsversteigerung und Räumung bedrohte Betroffene der spanischen Immobilienkrise. Ihre Gründerin Ada Colau wurde im Juni 2015 zur Bürgermeisterin von Barcelona gewählt: http://afectadosporlahipoteca.com

---

1 http://www.taz.de/Wohnungspolitik-in-Berlin/!5226487/

Montgomery Bus Boycott

Tätigkeitsbereich	Antirassismus
Aktionsraum	Alabama, USA
Web	http://www.montgomeryboycott.com
TrägerInnen	Schwarze BürgerInnenrechtsbewegung, darunter Rosa Parks und Martin Luther King
GegnerInnen	Busunternehmen, Regierung
Aktionsmethoden	Ziviler Ungehorsam, Boykott
Ziel	Gleichbehandlung

Der Busboykott von Montgomery war ein Protest der schwarzen Bürgerrechtsbewegung in Alabama gegen die rassistische Praxis der Segregation in den USA der 1950er Jahre: Neben anderen Schikanen durften Schwarze nur bestimmte Sitzreihen im hinteren Teil der Busse nutzen und mussten für Weiße aufstehen, wenn für diese keine freien Sitzplätze mehr vorhanden waren. Am 1. Dezember 1955 wurde die afroamerikanische Bürgerrechtlerin Rosa Parks in Montgomery festgenommen, nachdem sie sich geweigert hatte, ihren Platz für einen weißen Mitfahrer freizumachen.

Diese Festnahme sorgte landesweit für Aufsehen und führte unter den 42 000 Schwarzen der Stadt zum Entschluss, zivilen Ungehorsam zu leisten: Sie, die fast ein Drittel der Bevölkerung stellten, boykottierten ab dem Prozesstag unter der Leitung von Martin Luther King ein Jahr lang beinahe geschlossen die öffentlichen Busse, organisierten stattdessen solidarische Fahrgemeinschaften und setzten Busunternehmen und Stadtverwaltung damit unter Druck.

Erfolge

Am 13. November 1956 erklärte der Oberste Gerichtshof die Rassentrennung in den öffentlichen Verkehrsmitteln der Stadt Montgomery für verfassungswidrig und sprach ein Verbot dagegen aus. Der Boykott steigerte die Bekanntheit von Martin Luther King und die landesweite Bedeutung der gewaltlosen Bürgerrechtsbewegung enorm.

Wie kann ich unterstützen?

Auch wenn es bei uns heute keine Gesetze mehr gibt, die Menschen aufgrund der Hautfarbe diskriminieren, sind nicht-weiße Menschen (People of Color) so gut wie überall von Alltagsrassismus betroffen. Rassismus beginnt nicht erst bei beabsichtigten aggressiven Übergriffen, sondern bereits dann, wenn wir »glauben, dass Menschen wegen ihrer biologisch/geografischen Herkunft ›angeboren‹ oder ›naturgemäß‹ über spezifische Vorlieben, Talente, Neigungen oder Charaktereigenschaften verfügen« oder so handeln, »dass Angehörige diskriminierter kultureller Minderheiten dadurch Schaden oder Nachteile erfahren«.[1]

Wir sollten daher nicht nur bei rassistischen Diskriminierungen zivilcouragiert einschreiten, sondern auch unsere eigenen angelernten sowie strukturellen Rassismen stetig hinterfragen. Eine gute Einführung dazu gibt's hier: http://www.derbraunemob.de

Ähnliche Initiativen

Eines der Vorbilder Martin Luther Kings war *Mahatma Gandhi*, der zuerst in Südafrika und dann in seiner Heimat Indien mit Mitteln des gewaltfreien Widerstands, des zivilen Ungehorsams und Hungerstreiks gegen rassistische Diskriminierung und koloniale Unterdrückung kämpfte.

Unter dem Motto *»24 Stunden ohne uns«* legten am 1. März 2010 europaweit Zehntausende MigrantInnen die Arbeit nieder und demonstrierten gegen rassistische Diskriminierung.

Black lives matter ist eine internationale Bewegung von AktivistInnen gegen Gewalt und Polizeibrutalität gegen schwarze Menschen: http://blacklivesmatter.com

---

1 Zitiert nach http://www.derbraunemob.de/bin-ich-ein-rassist/

Die *Initiative Schwarze Menschen in Deutschland* tritt hierzulande gegen Rassismus in allen gesellschaftlichen Bereichen ein: http://isdonline.de

Um rassistische und islamfeindliche Klischees der Fernsehserie *»Homeland«* zu kritisieren, sprühte der Künstler Caram Kapp subversive Graffiti in deren Szenerie: http://bit.ly/1Stoeg6

#NoPegida

Tätigkeitsbereich	Antifaschismus, Antirassismus
Aktionsraum	Deutschland
Web	https://twitter.com/hashtag/nopegida
TrägerInnen	AntifaschistInnen und AntirassistInnen im ganzen deutschen Sprachraum
GegnerInnen	Pegida, HoGeSa, AfD und andere rechtsextreme bzw. rechtspopulistische Gruppen
Aktionsmethoden	Demonstrationen, Blockaden
Ziel	Verhinderung neofaschistischer, rassistischer und islamfeindlicher Umtriebe

Gegen den Islam, gegen die Demokratie, gegen Flüchtlinge und gegen die »Lügenpresse« brüllen seit Oktober
2014 Tausende von Menschen auf der Straße ihre rassistischen und rechtsextremen Parolen. Von manchen als
»besorgte BürgerInnen« verharmlost, deren »Ängste man
ernst nehmen« müsse, bilden sie das Rückgrat eines
neuen Rechtsextremismus, der sich in zahlreichen Brand-
anschlägen auf Flüchtlingsunterkünfte und einem Messer-
attentat gegen die Kölner Bürgermeister-Kandidatin
entlud.

Von Anbeginn stellten sich antifaschistische Gruppen wie
das »Bündnis Dresden Nazifrei« dem rechten Mob
entgegen. Unter dem Hashtag #nopegida organisieren
sich Einzelpersonen und Gruppen von den PfadfinderInnen
bis zur Autonomen Antifa, um gegen deren Aufmärsche zu
protestieren, diese zu blockieren, sie im Idealfall sogar zu
verhindern und damit ein deutliches Zeichen zu setzen,
dass Faschismus und Rassismus auch in bürgerlichem
Gewand keine Akzeptanz finden darf.

Unter dem Motto »Licht aus für Rassisten« wurde die Anstrahlung der Dresdner Semperoper, des Kölner Doms, des Brandenburger Tors und anderer Bauwerke bei Kundgebungen von Pegida-Ablegern ausgeschaltet. Auf einer Demo im März 2015 in Dresden verkleideten sich viele der rund 900 TeilnehmerInnen als Hasen, um die Angst jener zu symbolisieren, die von rechter Gewalt betroffen sind.

Erfolge

Im Januar 2015 demonstrierten bundesweit rund 100 000 Menschen gegen Pegida, immer wieder gelingt es, deren Aufmärsche zu blockieren. Nach anfänglicher Verharmlosung positionieren sich endlich auch mehr MedienvertreterInnen und PolitikerInnen gegen die Neurechten.

Wie kann ich unterstützen?

Rassismus ist keine Meinung, sondern ein Verbrechen und eine gefährliche Bedrohung der Demokratie und des gesellschaftlichen Zusammenhalts, gegen das wir immer und überall gemeinsam und entschlossen auftreten müssen. Übersicht über NoPegida-Demos: https://demonstrare.de/termine/kalender/nopegida-termine

Ähnliche Initiativen

Mit dem *Netz gegen Nazis* informiert die Amadeu Antonio Stiftung über Aktivitäten rechtsextremer Gruppen und Handlungsmöglichkeiten dagegen: http://www.netz-gegen-nazis.de

Die *Front deutscher Äpfel* macht Neonazis und deren Symbolik lächerlich: http://apfelfront.de

Die *Offensive gegen Rechts* organisiert Widerstand gegen den »Akademikerball« rechter Burschenschaften und andere rechtsextreme Aktivitäten in Österreich: http://www.offensivegegenrechts.net

Unter dem Namen *Antifaschistische Aktion* leisten linke, linksradikale und autonome Gruppen Widerstand gegen Neonazis: http://www.antifa.de

Gesicht Zeigen! ermutigt vor allem Kinder und Jugendliche, gegen Xenophobie, Rassismus, Antisemitismus und jede Form rechter Gewalt aktiv zu werden: http://www.gesichtzeigen.de

Exit Deutschland hilft Menschen, die aus der rechts-extremen Szene aussteigen wollen: http://www.exit-deutschland.de

Die weiße Rose war eine vorwiegend studentische Widerstandsgruppe gegen die Diktatur des Nationalsozialismus. Viele ihrer Mitglieder – darunter die Geschwister Hans und Sophie Scholl – wurden von den Nazis ermordet: http://www.weisse-rose-stiftung.de

Rechts gegen Rechts macht Neonazis zu unfreiwilligen SpenderInnen gegen Rechtsextremismus: Für jeden gelaufenen Meter von Nazidemos geht eine fixe Summe an antifaschistische Projekte: http://rechts-gegen-rechts.de

One Billion Rising

Tätigkeitsbereich	Antisexismus, Gleichstellung
Aktionsraum	Weltweit
Web	http://www.onebillionrising.org
TrägerInnen	Mehr als 13 000 Gruppen und Organisationen in über 200 Ländern
GegnerInnen	Gewalttäter, konservative bzw. sexistische PolitikerInnen
Aktionsmethoden	Flashmobs, Arbeitsniederlegung, Theateraufführungen
Ziel	Ende der Gewalt gegen Frauen und Mädchen, rechtliche Gleichstellung von Frauen und Transgender-Personen, Reform des Sexualstrafrechts und so weiter

Laut Statistik der Vereinten Nationen wird eine von drei (also weltweit mehr als eine Milliarde) Frauen zumindest einmal in ihrem Leben entweder vergewaltigt oder Opfer einer schweren Körperverletzung. In vielen Ländern sind Frauen männlicher Gewalt fast hilflos ausgeliefert. Aber selbst in Deutschland genügt es laut Strafgesetzbuch (§177) nicht für einen Straftatbestand, wenn eine Frau eindeutig Nein gesagt hat und der Mann dann trotzdem in sie eindringt.

Gegen solche Zustände protestieren seit 2012 weltweit mittlerweile Millionen Menschen jährlich am 14. Februar – dem Valentinstag, der gleichzeitig auch der Jahrestag der V-Day-Aktionstage gegen Gewalt gegen Frauen ist (das »V« steht ebenso für »Vagina« wie für »Victory over Violence«).

Indem sie auf öffentlichen Plätzen auftreten und tanzen, demonstrieren Frauen ihre Solidarität und den kraftvollen Widerstand gegen patriarchale Gewalt. Gleichzeitig wird in vielen Städten das Theaterstück »Vagina-Monologe« der

New Yorker Künstlerin und Feministin Eve Ensler als Benefiz-Veranstaltung zugunsten von Projekten gegen sexistische Gewalt aufgeführt.

Erfolge Die Massenproteste in mittlerweile über 200 Ländern verschafften dem Thema enorme weltweite Aufmerksamkeit. Als Folge erhielten beispielsweise in Indien 100 000 Rikschafahrer gendersensible Trainings. In Peru definierten Bauarbeiter ihre Baustellen als Schutzzonen vor sexueller Belästigung. Auf den Philippinen zwangen AktivistInnen die Behörden, junge Mädchen in Elendsvierteln vor Zwangsprostitution zu schützen.[1]

Wie kann ich unterstützen?

In welchen Städten One Billion Rising stattfindet und eine Anleitung zum selber Organisieren gibt es zum Beispiel hier: http://www.onebillionrising.de

Ähnliche Initiativen Mit *Slutwalks* (»Schlampenmärschen«) demonstrieren Frauen für ihr Recht auf (sexuelle) Selbstbestimmung, körperliche Unversehrtheit und gegen den Vorwurf, sie trügen wegen »aufreizender« Bekleidung eine Mitverantwortung an sexuellen Übergriffen: https://de.wikipedia.org/wiki/Slutwalk

Unter dem Hashtag *#aufschrei* begannen 2013 ein paar junge Frauen auf Twitter sexistische Erfahrungen zu dokumentieren, was eine Lawine an Tweets über alltägliche verletzende Bemerkungen und Übergriffe auslöste, denen Frauen ausgesetzt sind: http://alltagssexismus.de

Terre des femmes ist eine Menschenrechtsorganisation für Frauen: http://www.frauenrechte.de

Pinkstinks organisiert kreative Proteste gegen sexistische Rollenzuschreibungen in der Werbeindustrie, den Medien und bei Konsumprodukten: https://pinkstinks.de

Die *Mädchenmannschaft* »liebt Feminismus und notiert hier Dinge und Nachrichten, die fröhlich machen oder uns die Nackenhaare aufstellen«: http://maedchenmannschaft.net

1 http://www.theguardian.com/lifeandstyle/womens-blog/2015/feb/13/one-billion-rising-public-dancing-violence-women-eve-ensler

One Billion Rising

Nach den sexuellen Übergriffen in der Silvesternacht
2015/16 in Köln bildete sich die Initiative *#ausnahmslos*
gegen sexualisierte Gewalt und Rassismus: http://
ausnahmslos.org

Plant-for-the-Planet

Tätigkeitsbereich	Umweltschutz
Aktionsraum	Weltweit
Web	http://www.plant-for-the-planet.org
TrägerInnen	Mehr als 100 000 Kinder aus 93 Ländern
GegnerInnen	Klimaverschmutzer
Aktionsmethoden	Baumpflanzungen, Aufklärung
Ziel	Bis 2020 tausend Milliarden Bäume pflanzen, bis 2050 Energie weltweit zu hundert Prozent aus erneuerbaren Quellen gewinnen, Klimawandel stoppen

Die Kinderinitiative Plant for the planet wurde 2007 vom damals neunjährigen bayrischen Schüler Felix Finkbeiner ins Leben gerufen. Inspiriert von der kenianischen Friedensnobelpreisträgerin Wangari Maathai, die mit ihrer Bewegung »The Green Belt Movement« in Afrika in dreißig Jahren dreißig Millionen Bäume gepflanzt hat, formulierte Felix in einem Referat seine Vision: Kinder könnten in jedem Land der Erde eine Million Bäume pflanzen. Und so auf eigene Faust einen CO_2-Ausgleich schaffen, während die Erwachsenen nur über den Klimawandel reden. SchülerInnen in ganz Deutschland griffen die Idee auf, nach einem Jahr waren 150 000 Bäume gepflanzt.

Die Idee entwickelte sich zu einer weltweiten Bewegung. 2008 wurde Felix Junior Board Member des UN-Umweltprogramms UNEP, er spricht auf wichtigen Umwelt- und Klimaveranstaltungen, zum Beispiel vor dem Europäischen Parlament. Weltweit werden Plant-for-the-Planet-Akademien organisiert, bei denen sich Kinder gegenseitig als »BotschafterInnen für Klimagerechtigkeit« ausbilden. 2011 wurde Felix als Redner ins UN-Hauptquartier eingeladen. Plant-for-the-Planet hat mittlerweile eine demokratische Struktur mit einem Kinder- und einem Jugendwelt-vorstand, der jeweils aus vierzehn Kindern bzw. Jugendlichen besteht.

Erfolge Bis 2015 wurden weltweit rund fünfzehn Milliarden Bäume gepflanzt, allen voran in Ländern wie Brasilien, Costa Rica, Ecuador, Malaysia, Mexiko und Namibia. Heute sind über 100 000 Kinder weltweit für Plant-for-the-Planet aktiv, davon 34 000 als BotschafterInnen für Klimagerechtigkeit.

Wie kann ich unterstützen?

Selbst Bäume pflanzen, sich als BotschafterIn ausbilden lassen oder mit Spenden, Mitglied- und Patenschaften (siehe Homepage)

Ähnliche Initiativen Die *Klima-Allianz* ist ein Bündnis von mehr als 110 Entwicklungs- und Verbraucherorganisationen, Umweltverbänden wie WWF, BUND und Greenpeace, Jugendverbänden und GlobalisierungskritikerInnen in Deutschland: http://www.die-klima-allianz.de

350.org ist eine weltweite Graswurzelbewegung zum Thema Klimaschutz: http://350.org

Mit dem *Klima-Bündnis* haben sich mehr als 1700 euro-päische Kommunen in Kooperation mit indigenen Völkern der Amazonasregion verpflichtet, ihre Treibhausgas-emissionen vor Ort zu reduzieren: http://www. klimabuendnis.org

Rettet den Regenwald setzt sich gemeinsam mit lokalen indigenen Gruppen für den Schutz des Regenwaldes ein, organisiert Protestkampagnen gegen Konzerne und Regie-rungen und Aufklärung für Kinder und Jugendliche: https://www.regenwald.org

.ausgestrahlt beteiligt sich an der Organisation der Anti-Atomkraft-Bewegung in Deutschland, entwickelt gewalt-freie Protestaktionen, unterstützt Demonstrationen und stellt örtlichen Anti-Atom-Initiativen Argumente und Mate-rialien zur Verfügung: https://www.ausgestrahlt.de

Pride Parade

Tätigkeitsbereich	Gleichstellung
Aktionsraum	Weltweit
Web	https://de.wikipedia.org/wiki/Gay_Pride
TrägerInnen	Organisationen und Initiativen der Lesben- und Schwulenbewegung
GegnerInnen	Homo- und transphobe Gruppierungen, religiöse FundamentalistInnen, konservative Regierungen
Aktionsmethoden	Paraden, Märsche, Sit-ins, Mahnwachen, Demonstrationen und Kulturveranstaltungen
Ziel	Gleichstellung von Lesben, Schwulen, Bisexuellen, Transgender-Personen, transsexuellen, intersexuellen und queeren Menschen

Lesbian & Gay Pride, LGBT-Pride oder Queer-Pride benennt das selbstbewusste Auftreten nicht heteronormativ lebender Menschen im Sinne eines stolzen Umgangs mit der eigenen sexuellen Identität. Auf den jährlich stattfindenden Pride-Paraden – auch bekannt unter dem Namen Christopher Street Day (CSD) – wird für die Rechte dieser Gruppen sowie gegen Diskriminierung und Ausgrenzung demonstriert und gefeiert.

Der CSD erinnert an den Aufstand von Homo- und Transsexuellen gegen Polizeiwillkür in der New Yorker Christopher Street. Eine Revolte gegen gewalttätige Razzien in der Bar Stonewall Inn im Juni 1969 hatte den Ausschlag für tagelange Straßenschlachten mit der Polizei gegeben. In Deutschland fanden 1979 in Bremen und Berlin die ersten CSDs statt, größere Lesben- und Schwulendemonstrationen gab es aber bereits seit 1972, in Wien unter dem Namen Regenbogenparade seit 1996. Der bisher größte CSD in Europa war die Europride in Köln 2002 mit

1,2 Millionen Beteiligten. Mittlerweile kritisieren LGBT-AktivistInnen allerdings die Kommerzialisierung und den unkritischen Charakter mancher Veranstaltungen.

Erfolge

Das gemeinsame selbstbewusste Auftreten bewirkte in vielen Ländern massive Fortschritte in Sachen rechtlicher und gesellschaftlicher Anerkennung. So ist etwa die gleichgeschlechtliche Ehe in immer mehr Ländern erlaubt – nicht aber in Deutschland und Österreich. Von einer vollen Gleichstellung und einem Ende homo- und transphober Diskriminierung und Gewalt sind wir noch weit entfernt. In 76 Staaten ist Homosexualität verboten, in sechs steht darauf sogar die Todesstrafe.

Wie kann ich unterstützen?

Durch aktives Auftreten für Respekt und Gleichstellung sowohl auf privater als auch auf politischer Ebene, aber auch durch das Hinterfragen eigener heteronormativer Denk- und Verhaltensmuster

Ähnliche Initiativen

Der *Transgeniale CSD* (im Volksmund auch Kreuzberger CSD genannt) versteht sich als politische Alternative zum kommerziellen Berliner Christopher Street Day: https://www.facebook.com/transgenial

GLADT ist eine Selbstorganisation vor allem türkisch- und kurdischstämmiger LGBT-AktivistInnen in Deutschland, die auch Menschen anderer Herkunft offensteht: http://www.gladt.de

Die *Hirschfeld-Eddy-Stiftung* engagiert sich auf Initiative des Lesben- und Schwulenverbandes Deutschland auf internationaler Ebene für LGBT-Menschenrechte: http://www.hirschfeld-eddy-stiftung.de

Die *Türkis Rosa Lila Villa* startete 1982 als schwul-lesbisches Hausprojekt in Wien, das eine radikale eman-zipatorische Politik und den Kampf gegen jede Form von Diskriminierung verfolgt: http://dievilla.at

Das *Rechtskomitee Lambda* erkämpft LGBT-Rechte mit juristischen Mitteln und ist damit in vielen Fällen – zuletzt etwa mit der Aufhebung des Adoptionsverbotes – sehr erfolgreich: http://www.rklambda.at

Recht auf Marmelade!

Tätigkeitsbereich	Landwirtschaft
Aktionsraum	Wien
Web	https://stadtfruchtwien.wordpress.com
TrägerInnen	Initiative StadtFruchtWien und KünstlerInnengruppe Kuserutzky Klan
GegnerInnen	Teile der Stadtverwaltung
Aktionsmethoden	Guerilla Gardening
Ziel	Möglichkeit, im urbanen öffentlichen Raum gemeinschaftlich Obst anzupflanzen

Die Initiative »Recht auf Marmelade!« setzt sich für die Pflanzung von Obstbäumen in der Stadt und deren freie Nutzung durch die StadtbewohnerInnen ein. »Obstbäume sind ein ideales Medium, um die Machtverhältnisse im städtischen öffentlichen Raum sowie den basisdemokratischen und ökologischen Umgang mit lebenswichtigen Ressourcen zu thematisieren.« Warum »Recht auf Marmelade«? Marmelade ist im Zusammenhang mit Früchten das beliebteste Subsistenz-Produkt und steht für eine Kultur des Selbermachens und Schenkens.

Als Höhepunkt der Kampagne führte 2013 eine sogenannte Jam-Tram – eine Straßenbahn, in der mit Obst Musik gemacht wurde – BesucherInnen im Rahmen des Kulturprojekts WIENWOCHE zu einem Marmelade-Schenkmarkt und zu Obstpflanzungen am Stadtrand Wiens. In einer Petition an die Stadtregierung forderten die InitiatorInnen, dass künftig zehn Prozent der auf öffentlichen Flächen gepflanzten Bäume Obstbäume und zehn Prozent der Sträucher Fruchtsträucher sein sollen, um die sich BürgerInnen ehrenamtlich als BaumpatInnen kümmern.

Erfolge
Als Folge der Initiative nahm die rot-grüne Stadtregierung im Herbst 2015 einige der Forderungen in ihren Koalitionsvertrag auf und legte sich darauf fest, »Grünanlagen in ›essbare Landschaften‹ zu verwandeln« und Initiativen zu unterstützen, »die mit eigenem Engagement und Selbstorganisation den Selbstversorgeranteil der Stadt erhöhen, durch die Bereitstellung von stadtlandwirtschaftlichen Flächen. Ziel ist es, verstärkt Lebensmittel aus dem eigenen Umfeld genießen zu können und zur Bewusstseinsbildung für ökologische Landwirtschaft und Nahversorgung beizutragen.«

Wie kann ich unterstützen?
Städtische Grün-, Brach- und Freiflächen können jederzeit mittels Guerilla Gardening mit Obst, Gemüse, Nutz- und Zierpflanzen bepflanzt werden. Eine Anleitung dazu gibt's hier: http://www.guerillagaertner.com/tipps

Ähnliche Initiativen
Guerilla Gardening war ursprünglich die heimliche Aussaat von Pflanzen (zum Beispiel mit sogenannten Samenbomben) als Mittel des zivilen Ungehorsams im öffentlichen Raum, vor allem in Großstädten. Dazu gehört auch das Stören von Gentechnik-Freilandversuchen durch Zwischensäen natürlicher Pflanzen: http://www.guerillagardening.org

Mittlerweile tolerieren zahlreiche Städte spontane Pflanzaktionen oder fördern sie sogar selbst in Form von *Nachbarschafts- und Gemeinschaftsgärten*: http://anstiftung. de, http://www.stadtacker.net

mundraub.org zeigt frei wachsende Obstbäume in ganz Europa auf einer interaktiven Karte: http://mundraub.org

Containern, auch *Mülltauchen* oder *Dumpstern* genannt, bezeichnet die Mitnahme weggeworfener, aber genießbarer Lebensmittel aus Abfallcontainern. Aus dieser Praxis entstand die Initiative *Wastecooking* als genussvoller Protest gegen Lebensmittelverschwendung: http://www.wastecooking.com

Foodsharing ist eine Internetplattform zum Verteilen von überschüssigen Lebensmitteln: https://foodsharing.de

FoodCoops sind Lebensmittelkooperativen, die selbstorganisiert biologische Produkte direkt von lokalen

Bauernhöfen, Gärtnereien, Imkereien etc. beziehen: http://foodcoops.de, http://foodcoops.at

Via Campesina ist eine internationale Bewegung von Kleinbauern und LandarbeiterInnen: http://viacampesina.org

I'm with the

Refugee Convoy

Tätigkeitsbereich	Fluchthilfe
Aktionsraum	Mitteleuropa
Web	https://www.facebook.com/refugeeconvoy
TrägerInnen	Zunächst AktivistInnen aus Wien, mittlerweile FluchthelferInnen aus Deutschland, Österreich und Holland
GegnerInnen	Ungarische Behörden, europäisches Grenzregime, Dublin-Verordnung
Aktionsmethoden	Ziviler Ungehorsam, Transporte
Ziel	Unterstützung von Asylsuchenden auf ihrem Weg in Europa

Menschen, die aus Krieg und Elend nach Europa flüchten, können wegen der Abschottungspolitik der EU keine regulären Verkehrsmittel benutzen oder legal einreisen, um hier Asyl zu beantragen. Sie sind daher auf fremde Hilfe angewiesen. Auch unentgeltliche Fluchthilfe aus humanitären und solidarischen Motiven wird als Schleusungskriminalität verfolgt – was die Flüchtenden gefährlichen Geschäftemachern ausliefert. Dazu kommen staatliche Polizeigewalt und menschenrechtswidrige Zustände in Flüchtlingslagern der Durchzugs- und Zielländer.

Um Flüchtende auf ihrem Weg von Ungarn (wo wegen des rechtspopulistischen Regimes besonders schlimme Zustände herrschen) nach Westeuropa zu unterstützen, machten sich im September 2015 Hunderte Menschen auf, um sie in Privatautos über die Grenze zu bringen – wissend, dass dieser Akt der Zivilcourage mit mehrjährigen Haftstrafen bedroht war. Für 6. September 2015 organisierte eine Handvoll erfahrener AktivistInnen den ersten »Konvoi Wien–Budapest – Schienenersatzverkehr für Flüchtlinge« – und wollte die Aktion angesichts drohender Verhaftungen fast wieder absagen, hätten nicht Hunderte Refugees tags zuvor von sich aus die Initative ergriffen und sich in einem friedlichen Fußmarsch von Budapest auf den Weg zur Grenze gemacht.[1]

Die Flüchtenden selbst waren es also, die durch ihr couragiertes Handeln dazu beitrugen, dass sich 170 Autos von Wien aus auf den Weg nach Ungarn machten. Sie wurden dabei von internationalen Medien begleitet, die über diesen Akt der zivilgesellschaftlichen Selbstermächtigung berichteten. Allein die Ankündigung der Initiative trug laut Medienberichten dazu bei, dass Deutschland und Österreich ihre Grenzen öffneten, obwohl das den rigiden Regelungen des Dublin-III-Abkommens widerspricht, demzufolge Flüchtende nur im europäischen Ersteinreiseland einen Asylantrag stellen dürfen. Auch die ungarische Polizei drückte ein Auge zu.

Bis Oktober folgten mehrere weitere Konvois aus Wien, Graz, Leipzig und Amsterdam, die insgesamt 1000 Refugees sicher über die Grenze brachten. Viele FluchthelferInnen folgten dem Beispiel, unterstützten Refugees auf eigene Faust und organisierten Transporte, Schlafmöglichkeiten, Versorgung und Rechtshilfe.

Erfolge

Bereits die Ankündigung des ersten Refugee Convoys veranlasste die deutsche und österreichische Bundesregierung dazu, ihre Grenzen zu öffnen.[2]

Wie kann ich unterstützen?

Die Flucht von Menschen aus Krieg und Elend ist eine Folge globaler Ausbeutungsmechanismen. Am solidarischen Umgang mit Flüchtenden wird sich in den nächsten Jahren auch die Frage der europäischen Zivilisation und Demokratie entscheiden. Jeder und jede kann – auch illegale – Fluchthilfe leisten, Asylsuchende unterstützen, Transporte, Schlafplätze, Versorgung und Rechtshilfe organisieren und gemeinsam mit Refugees für eine volle

---

1 Kurto Wendt: »6. September 2015 – Der Tag an dem
   ›Schienenersatzverkehr‹ zum politischen Begriff wurde«, Zeitschrift
   Bildpunkt, Herbst 2015, http://www.igbildendekunst.at/bildpunkt.htm
2 »Wer die historische Grenzöffnung wirklich auslöste«, Die Welt,
   17.9.2015

Anerkennung ihrer Menschen- und BürgerInnenrechte
eintreten. Infos: http://www.fluchthelfer.in

Ähnliche Initiativen   *Refugee Air* kämpft für legale Möglichkeiten zur Flucht auf
dem Luftweg: http://refugeeair.org

Train of Hope ist eine zivilgesellschaftliche Initiative,
die abseits etablierter Hilfsorganisationen die professionelle Versorgung von Schutzsuchenden am Wiener
Hauptbahnhof gestaltet. Ähnliche Initativen gibt es auch
auf anderen europäischen Bahnhöfen: http://www.
trainofhope.at

Refugee-Proteste: Seit 2012 organisieren sich Refugees
in ganz Europa im Widerstand gegen das herrschende
Asylregime für ihre Rechte, etwa durch Besetzungen,
Märsche und Hungerstreiks: http://www.refugeetentaction.
net, http://thevoiceforum.org, http://oplatz.net, http://
refugeecampvienna.noblogs.org

Refugee-Proteste

Tätigkeitsbereich	Asylpolitik
Aktionsraum	Europa
Web	http://bit.ly/refugeeprotest
TrägerInnen	Flüchtlinge und UnterstützerInnen
GegnerInnen	Regierungen
Aktionsmethoden	Demonstrationen, Besetzungen, Hungerstreiks, Protestmärsche
Ziel	Humanes Asyl- und Bleiberecht auf nationaler und EU-Ebene, Stopp von Residenzpflicht, Abschiebehaft und Abschiebungen, bessere Betreuungs- und Unterbringungsstandards

Ab 2012 begannen AsylbewerberInnen in mehreren europäischen Ländern sich zu organisieren, um gegen die unmenschliche Behandlung durch Behörden und Polizei, miserable Bedingungen in Flüchtlingsunterkünften und restriktive Asylgesetze – allen voran das Dubliner Übereinkommen und andere Einschränkungen der Bewegungsfreiheit – zu protestieren. In Deutschland hatte der Suizid eines verzweifelten Iraners im Januar 2012 zunächst zu bundesweiten Demonstrationen und im März zu einem Hungerstreik und einem Dauerprotestcamp von AsylbewerberInnen im Würzburger Stadtzentrum geführt. Einige von ihnen nähten sich als Zeichen des Protests den Mund zu. Die Stadt versuchte, den Protest zu verbieten, scheiterte damit aber gerichtlich.

Im September 2012 starteten Dutzende Refugees einen Protestmarsch von Würzburg nach Berlin, wo sie nach 28 Tagen und fast 600 Kilometern Fußmarsch eintrafen. In mehreren deutschen Städten und in Österreich, in Belgien, Bulgarien, Frankreich, Griechenland, Holland,

Italien, Polen, Schweden und Ungarn errichteten Refugees und ihre UnterstützerInnen Zeltstädte als Protestcamps, besetzten Häuser, Ämter, Kirchen und Botschaften und traten zum Teil wochenlang in Hungerstreik. Sie organisierten weitere Protestmärsche, Demonstrationen und Konferenzen und leiteten damit einen breiten öffentlichen Diskurs über das restriktive Asylregime ein.

Erfolge

Mehrere deutsche Bundesländer lockerten die Residenzpflicht, im bayrischen Landtag stimmten sogar konservative Abgeordnete für eine Flüchtlingspetition, was als »kleine Revolution« gewertet wurde. Nach dem ersten Hungerstreik in Würzburg erhielten einige der Flüchtlinge aus humanitären Gründen ungewöhnlich schnell Asyl. Auch in Wien erzielte eine ungewöhnlich hohe Anzahl der protestierenden Refugees einen legalen Aufenthaltsstatus. Der wesentliche Erfolg bestand aber in der Selbstermächtigung der Geflüchteten: Ihr Anspruch, die eigenen Rechte selbst zu erkämpfen und ihre Anliegen nicht durch privilegierte AktivistInnen und karitative Organisationen vertreten zu lassen, irritierte viele dieser UnterstützerInnen zunächst und löste einige Konflikte innerhalb dieser Milieus aus. Er führte aber letztendlich zu einer längst notwendigen kritischen Reflexion über die Notwendigkeit respektvoller Solidarität anstelle paternalistischer Helferattitüde. Und trug sicherlich zur enormen zivilgesellschaftlichen Mobilisierung anlässlich der großen Fluchtbewegungen ab dem Sommer 2015 bei.

Wie kann ich unterstützen?

Egal, ob wir uns selbst an Protesten gegen das autoritäre Asylregime beteiligen oder Schutzsuchenden praktische Hilfe leisten: Solidarität mit Flüchtenden bedeutet vor allem, gegen jede Art von Bevormundung, Freiheitseinschränkung und Diskriminierung und für volle rechtliche Gleichstellung, aber auch einen gleichberechtigten Umgang miteinander einzutreten.

Ähnliche Initiativen

Das *Refugee Movement Berlin* besetzte dort mehrere Plätze – allen voran den Oranienplatz – und eine Schule: http://oplatz.net

Die Gruppe *Romano Jekipe Ano Hamburg* kämpft für das Bleiberecht asylsuchender Roma und Sinti und hat im

September 2015 die Hamburger Michaeliskirche besetzt: http://romas-in-hamburg.blogspot.co.at

Refugee Struggle for Freedom ist eine Gruppe von Non-Citizens, die Flüchtlingsproteste in Deutschland organisiert: http://refugeestruggle.org

Refugee Protest Camp Vienna begann im November 2012 mit dem Marsch Hunderter AsylbewerberInnen vom Flüchtlingslager Traiskirchen nach Wien, wo diese zunächst ein Zeltlager errichteten und 63 von ihnen dann die Votivkirche besetzten, wo sie in Hungerstreik traten und später für mehrere Monate in ein Kloster übersiedelten: http://refugeecampvienna.noblogs.org. Darüber berichtet der Dokumentarfilm *Last Shelter*: http://last-shelter.com

The VOICE Refugee Forum Germany ist bereits seit 1997 als Netzwerk für selbstorganisierte Refugee-Proteste aktiv: http://www.thevoiceforum.org

Die *Karawane für die Rechte der Flüchtlinge und MigrantInnen* ist ein Netzwerk aus Einzelpersonen, Gruppen und Organisationen von Flüchtlingen, MigrantInnen und Deutschen: http://thecaravan.org

Pro Asyl setzt sich für den Schutz und die Rechte verfolgter Menschen in Deutschland und Europa ein: http://www.proasyl.de

Landesflüchtlingsräte sind unabhängige Vertretungen der in den Bundesländern engagierten Flüchtlingsselbstorganisationen und Initiativen: http://www.fluechtlingsrat.de

Das *Bündnis für bedingungsloses Bleiberecht* und *stopasyllaw* kämpfen gegen Verschärfungen des Asylrechts: http://www.asylrechtsverschaerfung-stoppen.de, http://stopasyllaw.blogsport.eu

SCOP-TI

Tätigkeitsbereich	Arbeitsrecht
Aktionsraum	Frankreich
Web	http://www.scop-ti.com
TrägerInnen	MitarbeiterInnen der ehemaligen Teefabrik Fralib
GegnerInnen	Unilever
Aktionsmethoden	Fabriksbesetzung, selbstverwaltete Produktion
Ziel	Würdevolle Arbeitsbedingungen

2010 kündigte der Konzern Unilever an, die Produktion von Tee der Marken Eléphant und Lipton in der französischen Provence aufzulassen und nach Polen zu verlagern. Den 182 Beschäftigten wurde großzügig angeboten, ihre Arbeitsplätze zu behalten – aber nur, wenn sie einen Umzug nach Polen und wesentlich niedrigere Löhne akzeptierten. 76 von ihnen besetzten daraufhin »ihr« Werk. Um den Abtransport der Produktionsgeräte zu verhindern, blieben sie Tag und Nacht in der Fabrik, organisierten Wachen und schließlich den Vertrieb der noch vorhandenen Produkte, die ab sofort vor allem auf linken Veranstaltungen, Attac-Treffen und Gewerkschaftsmeetings in Frankreich verkauft wurden.

2014 fand in der Produktionshalle ein internationaler Kongress selbstverwalteter und besetzter Betriebe statt. Nach 1336 Tagen Besetzung (»1336« ist deshalb auch der neue Name der Teemarke) durfte die Belegschaft die Fabrik offiziell übernehmen. Sie führt diese nun unter dem Titel SCOP-TI (Société coopérative ouvrière provençale de thés et infusions) als selbstverwaltete und ökologisch produzierende Fairtrade-Genossenschaft. Mit einer Produktion von 250 Tonnen und einem Umsatz von 3,3 Millionen Euro im Jahr 2015 will man bis 2018 650 Tonnen Tee

produzieren und erwartet bereits für 2016 ein positives
Bilanzergebnis.

Erfolge   2014 erzielten die Streikenden eine gerichtliche Einigung
mit Unilever: Der Konzern musste zwanzig Millionen Euro
für Abfindungen, die Reparatur von Maschinen und eine
Reaktivierung der Fabrik zahlen, damit die BesetzerInnen
die Teeproduktion als ArbeiterInnenkooperative (SCOP)
fortführen konnten.[1]

Wie kann ich unterstützen?

Labournet Germany informiert regelmäßig über aktuelle
unterstützenswerte Arbeitskämpfe und gewerkschaftliche
Aktionen: http://www.labournet.de

Ähnliche Initiativen   Die ehemalige Baustofffabrik *Vio.me* in Thessaloniki
wurde 2011 von ihren Besitzern verlassen und daraufhin
von der Belegschaft besetzt, die dort nun in Selbstverwaltung Bioputzmittel herstellt: http://www.viome.org

Seit der Wirtschaftskrise 2001 wurden in *Argentinien*
über 300 konkursgefährdete Betriebe mit mehr als
13 000 Beschäftigten in Selbstverwaltung übernommen.[2]

Der Film *»Occupy, Resist, Produce«* zeigt den Arbeits-
kampf in der selbstverwalteten italienischen Fabrik
Officine Zero: https://youtu.be/WiU6pCKj2MQ

2014 besetzten ArbeiterInnen in *Istanbul* sechzig Tage
lang eine Fabrik des US-Konzerns Greif, um für menschen-
würdige Arbeitsbedingungen zu kämpfen. Doku: http://
de.labournet.tv/besetzung-60-lange-tage

AufRecht bestehen organisiert Protestaktionen gegen
Hartz IV, Lohndumping und Ausbeutung in Deutschland
http://www.aufrecht-bestehen.de

Eine sehr umfassende *Auflistung von Arbeitskämpfen*
findet sich hier http://www.workerscontrol.net

---

1 http://www.welt.de/wirtschaft/article128504285/Der-verrueckte-Sieg-
der-franzoesischen-Tee-Rebellen.html
2 Juan Pablo Hudson: Wir übernehmen. Selbstverwaltete Betriebe in
Argentinien – eine militante Untersuchung, Mandelbaum 2014

Stop TTIP

Tätigkeitsbereich	Kapitalismus- und Globalisierungskritik
Aktionsraum	Europäische Union
Web	https://stop-ttip.org
TrägerInnen	Bündnis aus mehr als 500 Organisationen in ganz Europa
GegnerInnen	EU-Kommission, Konzernlobbys
Aktionsmethoden	Unterschriftenkampagne, Proteste und Demonstrationen
Ziel	Verhinderung der Freihandelsabkommen TTIP und CETA

Staatliche Regeln zum Schutz der sozialen Sicherheit, der öffentlichen Daseinsvorsorge, von Arbeitsrechten und Umweltschutz und so weiter stellen für transnationale Konzerne Handelshemmnisse dar, die ihre Profite schmälern. Internationale Freihandelsabkommen geben ihnen das Recht, gegen solche Handelshemmnisse zu klagen – und damit demokratische Entscheidungen zu unterwandern (siehe Seite 33).

Derzeit verhandelt die EU solche Freihandelsabkommen mit den USA (TTIP) und Kanada (CETA) sowie das globale Dienstleistungsabkommen TiSA. Die Europäische Initiative gegen TTIP und CETA führt als Zusammenschluss von über 500 Organisationen gemeinsame Kampagnen durch und zeigt BürgerInnen Möglichkeiten des Engagements auf. Im Juli 2014 reichte sie einen Antrag auf Registrierung einer Europäischen Bürgerinitiative »Stop TTIP« bei der EU-Kommission ein, die jedoch die Zulassung verweigerte. Die Initiative reichte daraufhin eine Klage beim EU-Gerichtshof ein und führt nun auf eigene Faust eine europaweite Unterschriftensammlung durch.

Erfolge

Fast 3,3 Millionen EuropäerInnen haben die selbstorganisierte Europäische Bürgerinitiative Stop TTIP unterschrie-

ben und damit das Länder-Quorum, also die Mindest-
zahl benötigter Stimmen in 23 Ländern überschritten. Im
Oktober 2015 demonstrierten 250 000 Menschen in Berlin
gegen TTIP und CETA. Fast 300 deutsche und 250 österreichische Kommunen haben sich zur TTIP-freien Zone
erklärt.

Bereits 1995 versuchte die Welthandelsorganisation WTO
mit dem Multilateralen Abkommen über Investitionen
MAI ein globales Freihandelsabkommen durchzusetzen,
scheiterte 1998 aber am zivilgesellschaftlichen Widerstand
globalisierungskritischer AktivistInnen und Organisationen
rund um den Erdball. Ähnlich erging es bislang auch dem
globalen Dienstleistungsabkommen GATS.

Wie kann ich unterstützen?

Die europäische Initiative gegen TTIP und CETA unter-
schreiben (https://stop-ttip.org/de/unterschreiben), andere
informieren, sich an Protestaktionen beteiligen: http://
www.attac.de/kampagnen/freihandelsfalle-ttip

Ähnliche Initiativen

TTIP Stoppen organisiert den Widerstand gegen TTIP,
CETA und das Dienstleistungsabkommen TiSA in Österreich: http://www.ttip-stoppen.at

Ich bin ein Handelshemmnis ist eine Informations-
kampagne über TTIP, CETA und TiSA: http://www.ich-bin-
ein-handelshemmnis.de

Gemeingut in BürgerInnenhand tritt gegen die Privatisie-
rung und für die Demokratisierung der öffentlichen
Daseinsvorsorge – etwa Wasser, Bildung, Mobilität,
Energie und so weiter – ein: https://www.gemeingut.org

Blockupy organisiert Proteste gegen die neoliberale
Austeritätspolitik in Deutschland und Europa: http://
blockupy.org

The Yes Men

Tätigkeitsbereich	Aktionskunst
Aktionsraum	Weltweit
Web	http://theyesmen.org
TrägerInnen	Jacques Servin und Igor Vamos, aka Andy Bichlbaum und Mike Bonanno
GegnerInnen	Konzerne und ihre Lobbys
Aktionsmethoden	Kommunikationsguerilla
Ziel	Aufklärung

Die Yes Men wurden 1999 mit einer Fälschung der Website der Welthandelsorganisation WTO bekannt. Trotz völlig überzogener gefakter Forderungen wurden sie als WTO-Vertreter auf mehrere internationale Konzern- und Handelskonferenzen eingeladen. Dort propagierten sie zum Beispiel den Handel mit Wählerstimmen oder mit Menschenrechtsverletzungen, lobten Hitlers Wirtschafts- politik und forderten die Wiedereinführung der Sklaverei – und erhielten dafür den Applaus der Anwesenden.

2004 trat einer der Yes Men auf BBC World als Sprecher des Konzerns Dow Chemical auf, der für 3000 Tote und 120 000 Verletzte der Chemiekatastrophe von Bhopal verantwortlich war, und kündigte eine Entschädigungs- zahlung von zwölf Milliarden US-Dollar an. Kurz darauf dementierte die BBC ihre Meldung. In der Zwischenzeit war der Börsenwert von Dow Chemical um zwei Milliarden Dollar gesunken.

2007 stellten sie als Vertreter von ExxonMobil ein Produkt vor, das die tödlichen Nebenwirkungen der Ölwirtschaft nutzen sollte, um aus Leichen Öl zu produzieren. 2009 verteilten sie 1,2 Millionen gefälschte Exemplare der

New York Times, in denen der Irakkrieg beendet und George W. Bush wegen Hochverrats angeklagt war. 2010 entschuldigten sie sich im Namen von Shell für deren zerstörerische Tätigkeit im Nigerdelta, 2012 folgte die gefakte Shell-Website arcticready.com gemeinsam mit Greenpeace. Und 2015 wurde ein falscher Edward Snowden von Sicherheitsleuten festgenommen.

Erfolge

Mit ihren Aktionen haben die Yes Men erfolgreich auf die zynische Profitgier von Konzernen und ihren Lobbys aufmerksam gemacht – dokumentiert im Film »Die Yes Men – Jetzt wird's persönlich« (2014). Ihre Doku »The Yes Men Fix the World« (2009) ist gratis unter https://youtu.be/OazUh0Ym8rc verfügbar.

Wie kann ich unterstützen?

Mit dem Action Switchboard (https://actionswitchboard.net) und dem Yes Lab (http://yeslab.org) regen die Yes Men zur Kreation und Vernetzung eigener Fake-Aktionen an.

Ähnliche Initiativen

Das *Büro für ungewöhnliche Maßnahmen* widmete sich ab 1987 in Berlin der Aktionskunst.

Auch das *Peng Collective* arbeitet mit Aktionskunst und Methoden des zivilen Ungehorsams: 2014 stellten vermeintliche Google-MitarbeiterInnen neue Überwachungsprodukte vor und verteilten im Namen der CDU Weihnachtspostkarten, in denen Angela Merkel die Abschiebung von Geflüchteten als christliche Tat darstellt. 2015 kaperten sie das Berliner Hauptquartier des Energiekonzerns Vattenfall und kündigten bei einer inszenierten Pressekonferenz und mittels gefakter Website an, dass der Konzern Verantwortung für Umweltsünden im Braunkohlerevier Lausitz übernehmen würde: https://www.pen.gg

Das *Zentrum für Politische Schönheit* thematisiert mit aufsehenerregenden Aktionen Menschenrechtsverletzungen und das Leid von Flüchtenden – etwa mit den »Säulen der Schande« für den Srebrenica-Genozid, der »Kindertransporthilfe des Bundes« als Rettungsprogramm für syrische Kinder und der Bestattung von Flüchtlingen unter dem Titel »Die Toten kommen«: http://www.politicalbeauty.de

Der in Spanien lebende »Anarchoclown« *Leo Bassi* nutzt seine Narrenfreiheit immer wieder für radikale Interventionen gegen kommerzielle und konservative Mächte – allen voran die katholische Kirche: http://leobassi.com

Auf http://kommunikationsguerilla.twoday.net und http://kreativerstrassenprotest.twoday.net werden Kommunikationsguerilla-Aktionen in Deutschland angekündigt und dokumentiert.

Spaßparteien wie »Die Partei« in Deutschland und »Die beste Partei« in Irland thematisieren festgefahrene Machtstrukturen und sind damit – wie Jón Gnarr als Bürgermeister von Reykjavík – manchmal auch realpolitisch erfolgreich: https://www.die-partei.de, https://twitter.com/jon_gnarr

Reverend Billy persifliert mit dem »Stop Shopping Choir« als charismatischer Straßenprediger Konsumwahn, Konzernherrschaft und andere soziale Themen in New York: http://www.revbilly.com

WELTbewusst Stadtrundgang

Tätigkeitsbereich	Konsumkritik
Aktionsraum	Deutschland
Web	http://www.weltbewusst.org
TrägerInnen	Jugend im Bund für Umwelt und Naturschutz Deutschland (BUNDjugend) und Weltladen-Dachverband
GegnerInnen	Markenkonzerne
Aktionsmethoden	Konsumkritische Stadtführungen
Ziel	Bewusstes Konsumverhalten, höhere ökologische und soziale Standards

Mein T-Shirt kommt aus Pakistan und ist trotzdem billiger als eine Fahrkarte in die nächste Stadt? Was hat mein Steak mit der Rodung des Regenwalds zu tun? WELTbewusst veranstaltet konsumkritische Stadtführungen, die städtische Einkaufsstraßen von der anderen Seite zeigen – und vor allem, welche Auswirkungen unser Konsumverhalten auf Mensch und Natur hat. »Sehenswürdigkeiten« der Stadtführungen sind McDonald's, H&M, Starbucks, vodafone und Filialen weiterer globaler Konzerne.

Den eigenen Konsum hinterfragen, beim Einkauf auf umwelt- und sozialverträglich hergestellte Produkte achten und nur kaufen, was man auch wirklich braucht: Das ist das Ziel der Stadtrundgänge, die die BUNDjugend vor allem für junge Menschen veranstaltet. Dabei geht es darum, Zusammenhänge aufzuzeigen und auf Missstände hinzuweisen, die von den Firmen verschwiegen werden. Anhand von Produkten, die wir konsumieren, werden globale Verbindungen und unsere Rolle darin untersucht. Was können wir verändern? Wie können wir aktiv werden? Wie informieren wir uns, und wie leicht sind wir zu täuschen?

WELTbewusst erLEBEN setzt den kritischen Blick auf Globalisierung und Konsum in gelebte Alternativen um – etwa mit einem Repair-Café, Upcycling-Workshops, einem Stadtgarten und Tauschpartys. Infos: http://www.bundjugend.de

Erfolge

Markenfirmen agieren lediglich nach Profitinteressen, daran ändert auch Konsumkritik nichts. Diese steigert aber die sogenannten »Konfliktkosten«: Um Imageschäden zu vermeiden, sehen sich Konzerne aus betriebswirtschaftlichen Gründen manchmal gezwungen, Verbesserungen vorzunehmen. Wesentlich ist daher, dass Konsumkritik auch politisches Bewusstsein schafft – und auf eine gesetzliche Anhebung ökologischer und sozialer Standards abzielt.

Wie kann ich unterstützen?

Jede und jeder kann bei konsum- und konzernkritischen Stadtführungen mitmachen oder selbst welche organisieren. In über vierzig Städten gibt es aktive Gruppen (Liste: http://www.weltbewusst.org/stadtrundgang-bundesweit); WELTbewusst vermittelt dazu Inhalte, Themen und Methoden: http://www.weltbewusst.org/stadtrundgang-selbermachen

Ähnliche Initiativen

Die *Kampagne für Saubere Kleidung* (auch *Clean-Clothes-Kampagne*) setzt sich für die Verbesserung von Arbeitsbedingungen in der internationalen Bekleidungs- und Sportartikelindustrie ein: http://www.saubere-kleidung.de, http://www.cleanclothes.at

Fairer Handel ist von unabhängigen Organisationen kontrollierter und zertifizierter Handel, bei dem soziale Mindeststandards und ein Mindestpreis eingehalten werden: http://www.forum-fairer-handel.de, http://www.fairtrade.at

Am internationalen *Kauf-Nix-Tag* soll jedes Jahr Ende November durch Konsumverzicht gegen ausbeuterische Produktions- und Handelsstrategien internationaler Konzerne protestiert werden: https://www.adbusters.org/campaigns/bnd

Das *Schwarzbuch Markenfirmen* zeigt, wie bekannte Konzerne ihre Milliardenprofite auf Kosten von Mensch, Umwelt und Demokratie erwirtschaften: http://markenfirmen.com

Die Autorin *Kathrin Hartmann* bloggt regelmäßig Kritisches über Konzerne – aber auch über allzu selbst-zufriedenen Öko-Lifestyle-Konsum: http://www.ende-der-maerchenstunde.de

Mit dem *Konsumpf-Blog* betreibt der Designer Peter Marwitz ein interessantes Forum für kreative Konsumkritik: http://konsumpf.de

Wittstock contra Industriehuhn

Tätigkeitsbereich	Tier- und Umweltschutz
Aktionsraum	Brandenburg
Web	http://www.industriehuhn.de
TrägerInnen	BürgerInnen-Initiative
GegnerInnen	Agrarkonzerne
Aktionsmethoden	Demonstrationen, gerichtliche Klagen, Volksbegehren
Ziel	Verhinderung industrieller Massentierhaltung

Die Initiative wurde im November 2013 gegründet, um Massentierhaltungsanlagen in der Region zu verhindern, die dort ohne ausreichende Beteiligung von AnwohnerInnen und Umweltverbänden gebaut werden sollten. In unmittelbarer Nachbarschaft zum Stadtgebiet Wittstocks werden fünf bis sechs Millionen Hühner in industrieller Massentierhaltung gemästet, für die Zukunft ist eine jährliche Produktion von bis zu vierzehn Millionen Masthähnchen geplant. Damit wandelt sich die regionale Landwirtschaft in eine von Konzernen bestimmte Agrarindustrie. Die Tiere stehen die gesamte Mastperiode über eng zusammengepfercht in ihrem Dung. Gereinigt wird erst, nachdem eine Fängerkolonne die Tiere zum Schlachthof abtransportiert hat. Tierquälerei gehört in der Massenhaltung zum System, stellte etwa der *Spiegel* im September 2015 fest.[1] Aber auch die Umwelt leidet: Gebunden an Feinstaub, werden Keime und Ammoniak emittiert und Gewässer verschmutzt.

Nach der juristischen Prüfung von mehr als 4000 Aktenseiten des Genehmigungsverfahrens stellten die Aktivis-

---

1 http://www.spiegel.de/wirtschaft/soziales/massentierhaltung-gefluegel-charta-haelt-versprechen-nicht-ein-a-1053577.html

tInnen schwerwiegende Mängel für eine Hähnchenmastanlage insbesondere in Sachen Tierschutz und
Besatzdichte fest. Daraufhin reichten sie gemeinsam mit
dem Naturschutzbund (NABU) Klage ein, worauf erstmals
eine bereits im Bau befindliche Hähnchenmastanlage
vorläufig gerichtlich gestoppt wurde. Mit Informationsveranstaltungen und Demonstrationen fordern sie eine
artgerechte Tierhaltung und eine Agrarkultur, die von
Bauernhöfen und LandwirtInnen der Region getragen wird.
Außerdem startete ein Aktionsbündnis von Tierschütze-
rInnen im Juli 2015 ein Volksbegehren gegen Massentierhaltung in Brandenburg.

Erfolge

Auf den massiven Druck der BürgerInnen hin wurde
der geplante Bau einer Hähnchenmastanlage in Alt
Daber zurückgezogen. In der Anlage hätten 450 000
Hähnchen gemästet werden sollen. Auch eine weitere,
für 400 000 Hühner geplante Anlage in Prignitz wurde
verhindert.

Wie kann ich unterstützen?

Durch Spenden oder aktive Mitarbeit bei Umwelt- und
Tierschutzorganisationen

Ähnliche Initiativen

Wir haben es satt! ist ein Bündnis aus Umwelt-, Natur-
und Tierschutzverbänden sowie konzernkritischen Organisationen gegen die Massentierhaltung und für eine
ökologische Agrarwende, das jährlich im Januar eine
Großdemo in Berlin organisiert: http://www.wir-haben-
es-satt.de

Das *Aktionsbündnis Agrarwende* ist eine Initiative
der ökologischen Naturschutz-, Umweltschutz- und
Anbauverbände Berlin-Brandenburgs: http://www.
agrarwen.de

Die *Agrarkoordination* kämpft gegen Glyphosat und
andere Umweltgifte von Monsanto und Co.:
www.agrarkoordination.de

Die Pestizidhersteller BAYER, BASF und Syngentar sind
maßgeblich verantwortlich für das für unser Ökosystem
extrem bedrohliche *Bienensterben*: https://www.
greenpeace.de/themen/landwirtschaft/bienen, http://www.
bund.net/honigbiene

Die *Coordination gegen BAYER-Gefahren* wendet sich gegen diese und andere skrupellose Machenschaften des deutschen Chemieriesen: http://www.cbgnetwork.org

Slow Food verknüpft den Genuss von gutem Essen mit der Verantwortung für lokale Gemeinschaften und die Umwelt: http://www.slowfood.de

Weitere Infos

Indymedia ist ein dezentral organisiertes, weltweites Netzwerk sozialer Bewegungen: https://de.indymedia.org, https://linksunten.indymedia.org

Freie Radios setzen sich als unabhängige, nichtkommerziell und basisdemokratisch organisierte Rundfunkstationen kritisch mit gesellschaftlichen Verhältnissen auseinander: https://www.freie-radios.net, http://www.freie-radios.at

Campact organisiert Online-Kampagnen für eine sozial gerechte, ökologisch nachhaltige und friedliche Gesellschaft: https://www.campact.de

Riseup bietet sichere, konzernunabhängige Online-Kommunikationstools wie E-Mail-Accounts für Menschen und Gruppen an, die an einem freiem gesellschaftlichen Wandel arbeiten: http://riseup.net

Die **Bewegungsstiftung** unterstützt soziale Bewegungen und Initiativen finanziell: www.bewegungsstiftung.de

Die **Bewegungsplattform** der Berliner *taz* bietet eine Vernetzungsmöglichkeit für AktivistInnen und Organisationen: http://bewegung.taz.de

Skills for action veranstaltet Trainings zur Aktionsvorbereitung und -planung, Kommunikation und Entscheidungsfindung, für zivilen Ungehorsam, Blockadetechniken und Rechtshilfe: https://skillsforaction.wordpress.com

Beautiful Trouble ist die Website zum gleichnamigen Buch mit zahlreichen Beispielen für politischen Aktivismus: http://beautifultrouble.org

Everyday Rebellion ist die Website zum gleichnamigen Film mit Beispielen für gewaltfreien Widerstand: http://www.everydayrebellion.net

Crowdfunding- und Spenden-Plattformen wie https://www.betterplace.org, https://www.startnext.com, http://www.oneplanetcrowd.com, https://www.ecocrowd.de und http://www.respekt.net sammeln Geld für soziale und nachhaltige Initiativen.

Anmerkungen

Was kommt nach der Wut?

1 Heuchelei Europas wird zum Problem, Wiener Zeitung, 1.8.2015
2 http://de.statista.com/statistik/daten/studie/2274/umfrage/entwicklung-der-wahlbeteiligung-bei-bundestagswahlen-seit-1949/
3 http://de.statista.com/statistik/daten/studie/255400/umfrage/wahlbeteiligung-bei-landtagswahlen-in-deutschland-nach-bundeslaendern/
4 Nichtwähler in Deutschland, Friedrich-Ebert-Stiftung 2013, http://library.fes.de/pdf-files/dialog/10076.pdf
5 Ganz große Koalition gegen Stimmverweigerer, Süddeutsche Zeitung, 13.6.2015
6 https://www.bertelsmann-stiftung.de/fileadmin/files/BSt/Publikationen/GrauePublikationen/ZD_EINWURF_2_2015.pdf
7 Wählen muss sich wieder lohnen!, The European, 16.6.2015
8 Rot-grün: Das größte Geschenk aller Zeiten, Die Zeit, 8.9.2005
9 Siehe zum Beispiel: http://orf.at/stories/2021149/2021161
10 Siehe zum Beispiel: http://derstandard.at/1379290935232/Was-uns-Schwarz-Blau-gekostet-hat
11 Siehe zum Beispiel: https://www.blaetter.de/archiv/jahrgaenge/2013/juli/austeritaet-der-einsturz-eines-glaubensgebaeudes oder http://www.wienerzeitung.at/nachrichten/wirtschaft/international/542827_Das-Ende-der-Austeritaetspolitik-in-der-Europaeischen-Union.html
12 http://www.fr-online.de/wirtschaft/maechtige-konzerne-147-unternehmen-kontrollieren-die-welt,1472780,11055250.html
13 http://www.bpb.de/apuz/175496/transnationale-unternehmen-problemverursacher-und-loesungspartner
14 http://unctad.org/en/PublicationsLibrary/wir2013_en.pdf
15 http://www.sueddeutsche.de/geld/vermoegenssteuern-im-vergleich-reichenparadies-deutschland-1.1849026
16 Millionäre profitieren vom Börsen-Boom, Handelsblatt, 15.6.2015
17 Wo in Deutschland die Milliardäre wohnen, Manager Magazin, 7.7.2015
18 http://www.bundesfinanzministerium.de/Content/DE/Pressemitteilungen/Finanzpolitik/2014/07/2014-07-02-PM30.html
19 http://biaj.de/archiv-kurzmitteilungen/36-texte-biaj-kurzmitteilungen/508-bundeshaushalt-2015-entwurf-qleistungen-der-grundsicherung-fuer-arbeitsuchendeq-hartz-iv.html

20 http://www.oxfam.de/sites/www.oxfam.de/files/bp-working-for-few-political-capture-economic-inequality-200114-en-oxfam.pdf

21 http://www.wider.unu.edu/events/past-events/2006-events/en_GB/05-12-2006/

22 Bei *Pelzig unterhält sich*, 20.5.2010, nachzusehen hier: https://youtu.be/80QI7gk1bLl

23 Interview mit Corinna Milborn auf Puls 4, 17.5.2015, nachzusehen hier: http://www.puls4.com/video/puls-4-news/play/2776857

24 Die schlimmsten Strippenzieher der EU, Spiegel online, 16.10.2007

25 http://www.sueddeutsche.de/wirtschaft/lobbyismus-in-bruessel-ein-teppich-fuer-guenter-verheugen-1.1797519

26 Ebd.

27 http://www.zeit.de/2013/12/Lobbyismus-Spitzenbeamte-Konzerne

28 Zum Beispiel sank infolge der Liberalisierung und später des Nordamerikanischen Freihandelsabkommens NAFTA der Anteil der in der Landwirtschaft tätigen Erwerbsbevölkerung in Mexiko von 37 Prozent im Jahr 1980 auf sechzehn Prozent im Jahr 2000. Die Folge waren enorme Migrationsbewegungen in die USA und in die großen Städte Mexikos. Die realen Löhne fielen dort seit 1980 um mehr als vierzig Prozent, die realen Mindestlöhne büßten gar zwei Drittel ihres Wertes ein.

29 Beispiel USA: Von 1979 bis 2009 stieg die Produktivität dort um achtzig Prozent, während das Einkommen des unteren Fünftels um vier Prozent sank. In mehr oder weniger dem gleichen Zeitraum ist das Einkommen des obersten Prozents der Gesellschaft um 270 Prozent gestiegen. In Großbritannien ging das Einkommen des ärmsten Zehntels zwischen 1999 und 2009 um zwölf Prozent zurück, während die reichsten zehn Prozent ihr Einkommen um 37 Prozent steigern konnten. Der Gini-Koeffizient, der die Einkommens-Ungleichheiten bemisst, ist in diesem Land zwischen 1979 und 2009 von 26 auf 40 gestiegen (Quelle: http://www.freitag.de/autoren/the-guardian/das-grosse-wurfelspiel). Achtzig Prozent der Weltbevölkerung leben in Ländern, in denen seit den neunziger Jahren die Ungleichheit zunahm.

30 Wie das MAI zu Fall gebracht wurde, Le Monde diplomatique, 11.12.1998

31 Heuchelei Europas wird zum Problem, Wiener Zeitung, 1.8.2015

32 UNHCR Global Trends 2014, http://www.unhcr.de/service/zahlen-und-statistiken.html

33 Ebd.

34 http://www.tagesschau.de/ausland/traiskirchen-amnesty-101.html

35 http://www.taz.de/Gefluechtete-in-Berlin/!5225360/

36 Colin Crouch: Postdemokratie, Frankfurt am Main 2008

37 Gegen Staat und Kapital – für die Revolution! Linksextremismus in Deutschland – eine empirische Studie, Frankfurt am Main 2015

38 Mehr als 60 Prozent bezweifeln Demokratie in Deutschland, Die Zeit, 23.2.2015

39 Mehrheit vermisst in Deutschland echte Demokratie, Die Welt, 23.2.2015
40 Chantal Mouffe: Agonistics. Thinking The World Politically, London/New York 2013, S. 140
41 Siehe zum Beispiel: Ulrike Herrmann: Hurra, wir dürfen zahlen. Der Selbstbetrug der Mittelschicht, Frankfurt am Main 2010
42 Ulrich Brand: »Transition und Transformation: Sozialökologische Perspektiven«. In: Michael Brie (Hrsg.): Futuring – Perspektiven der Transformation im Kapitalismus über ihn hinaus, Münster 2014
43 Grätzel: wienerisch für unmittelbare Wohnumgebung
44 Ulrich Brand: Neue soziale Bewegungen in der Krise, profil, 11.5.2012
45 Deutsche haben wenig Vertrauen in die Medien, Die Zeit, 24.6.2015
46 Volltext in deutscher Sprache hier: http://www.ohchr.org/EN/UDHR/Pages/Language.aspx?LangID=ger
47 Stéphane Hessel: Empört euch!, Berlin 2014, S. 10
48 Stéphane Hessel: Engagiert euch!, Berlin 2014, S. 9f.
49 Hannah Arendt: Zur Zeit. Politische Essays, Berlin 1986, S. 136
50 Doug Saunders: Arrival City. Über alle Grenzen hinweg ziehen Millionen Menschen vom Land in die Städte. Von ihnen hängt unsere Zukunft ab, München 2011
51 Der Anfang vom Ende der AKP-Herrschaft Erdogans, Die Welt, 8.6.2015

Was tun?

1 Joachim Bauer: Prinzip Menschlichkeit. Warum wir von Natur aus kooperieren, Hamburg 2006
2 Siehe dazu zum Beispiel: Arno Grün: Dem Leben entfremdet. Warum wir wieder lernen müssen zu empfinden. Stuttgart 2013
3 George Lakoff, Elisabeth Wehling: Auf leisen Sohlen ins Gehirn. Politische Sprache und ihre heimliche Macht. Heidelberg 2008
4 Christian Felber: Kooperation statt Konkurrenz: 10 Schritte aus der Krise, Wien 2009
5 Robert Misik: Was Linke denken: Ideen von Marx über Gramsci zu Adorno, Habermas, Foucault & Co, Wien 2015, S. 53
6 Michael Edwards: Civil Society, Cambridge 2004
7 Hans Weiss, Klaus Werner-Lobo: Schwarzbuch Markenfirmen. Die Welt im Griff der Konzerne, Wien 2014
8 http://derstandard.at/1326503604742/Mogelpackung-Der-grosse-Bioschmaeh
9 http://www.sueddeutsche.de/panorama/studie-zur-lebensmittelindustrie-die-haelfte-aller-nahrungsmittel-landet-im-muell-1.1569461
10 Supermarktkette vergiftete Obdachlose, Polizei ermittelt, Der Standard, 17.11.2008

11 http://www.n-tv.de/panorama/Mutmassliche-Diebe-triumphieren-vor-Gericht-article10885196.html
12 http://www.wastecooking.com/
13 Siehe zum Beispiel die Dokumentation:»Wem gehört die Welt – Wachstum durch Teilen«: http://www.3sat.de/page/?source=/dokumentationen/175010/index.html
14 http://www.gemeinwohl-oekonomie.org
15 http://www.gemeinwohl-oekonomie.org/de/content/gemeinwohl-bilanz-erstellen-0
16 https://www.mitgruenden.at/
17 https://www.couchsurfing.org
18 Interview Klaus Werner-Lobo mit Bernhard Drumel am 22.2.2014
19 Siehe zum Beispiel: Willfried Huismann:»Schwarzbuch WWF: Dunkle Geschäfte im Zeichen des Panda«, »Kumpel der Konzerne«, Der Spiegel 22/2012 oder die ARD-Doku »Monsanto und der WWF – Der Pakt mit dem Panda« (https://vimeo.com/51980676)
20 John Clarke, Kathleen Coll, Evelina Dagnino, Catherine Neveu: Disputing Citizenship, Bristol 2014
21 http://www.robinhoodtax.org/
22 Konkrete Vorschläge dazu siehe zum Beispiel hier: http://www.mehr-demokratie.de/
23 http://www.konsumensch.net/stadtFuehrung.html oder http://www.weltbewusst.org/
24 Praktische Anleitungen zum Verhindern von Abschiebungen gibt's hier: http://www.inventati.org/blgoe/images/document/2015_Antira-Broschuere_web.pdf oder hier: https://youtu.be/g2Umb7MyDhw
25 Hannah Arendt: Zur Zeit. Politische Essays, Berlin 1986, S. 136
26 John Rawls: A Theory of Justice, Cambridge 1971, zitiert nach Lorenz Stör: »Niemand hat das Recht zu Gehorchen – Zur Rolle des zivilen Ungehorsams für eine sozial-ökologische Transformation«, https://www.gbw.at/oesterreich/artikelansicht/beitrag/lorenz-stoer-niemand-hat-das-recht-zu-gehorchen-zur-rolle-des-zivilen-ungehorsams-fuer/
27 Jürgen Habermas: Ziviler Ungehorsam – Testfall für den demokratischen Rechtsstaat, in: Peter Glotz (Hrsg.): Ziviler Ungehorsam im Rechtsstaat, Frankfurt am Main 1983, S. 35.
28 Dem zivilen Widerstand wird beispielsweise in der Bundesrepublik Deutschland in Art. 20(4) GG sogar eine Rolle zum Schutz der verfassungsmäßigen Ordnung eingeräumt.
29 Lorenz Stör: »Niemand hat das Recht zu Gehorchen – Zur Rolle des zivilen Ungehorsams für eine sozial-ökologische Transformation«, https://www.gbw.at/oesterreich/artikelansicht/beitrag/lorenz-stoer-niemand-hat-das-recht-zu-gehorchen-zur-rolle-des-zivilen-ungehorsams-fuer/
30 Bernhard Mark-Ungericht: Betriebliche Schließungs- und Öffnungsprozesse

gegenüber gesellschaftlichen Anliegen und zivilgesellschaftlichen Anspruchsgruppen vor dem Hintergrund der Transformation gesellschaftlicher Rahmenbedingungen. Habilitationsschrift, Graz 2003

31 Fünf Finger für ein Siegeszeichen, Süddeutsche Zeitung, 8.6.2007

32 https://www.facebook.com/AthensLiveGr/videos/1650833778521986

33 Aldous Huxley: Plädoyer für den Weltfrieden und Enzyklopädie des Pazifismus, München 1993

34 Gene Sharp: Von der Diktatur zur Demokratie. Ein Leitfaden für die Befreiung, München 2011

35 Saul Alinsky: Rules for Radicals, New York 1989

36 Zitiert nach: http://www.bpb.de/apuz/138281/ziviler-ungehorsam-ein-umkaempfter-begriff

37 http://theyesmen.org/

38 http://www.revbilly.com/

39 http://www.clownarmy.org/

40 http://www.politicalbeauty.de/Zentrum_fur_Politische_Schonheit.html

Demokratie neu gestalten

1 Online zur Gänze zum Beispiel hier: https://www.marxists.org/deutsch/archiv/wilde/1891/02/seele.htm

2 Siehe zum Beispiel: http://www.mehr-demokratie.de

3 http://www.boeckler.de/cps/rde/xchg/hbs/hs.xsl/52614_53364.htm

4 Lisa Mittendrein: Solidarität ist alles, was uns bleibt. Solidarische Ökonomie in der griechischen Krise, Neu-Ulm 2013

5 http://www.zeitschrift-luxemburg.de/ada-colau-wir-treten-nicht-an-um-einen-sitz-im-gemeinderat-zu-bekommen-wir-wollen-gewinnen/